Rudolf Knoll

Von Trollinger, Zuckerle und Brotwasser –

Schwäbische Weingeschichten

Wartberg Verlag

Bildnachweis
Archiv Knoll: S. 5, 10, 11 (rep-Foto: DWS), 12, 14, 17, 18/19 (Herzog von Württemberg), 20/21 (Weingut Karl Haidle), 23/24/25/55/56 (Württembergische Weingärtner-Zentralgemeinschaft), 30 (Gerhard Schwinghammer), 32 (Mundelsheimer Weingärtnergenossenschaf), 35, (WWG), 37, 38, 40 (Fellbacher Weingärtner), 44 (Fotostudio Schaal), 47, 48, 50, 52, 55, 57, 59, 61 (Graeber Fotodesign), 67 (WoFi), 71/72 (WZG), 74

1. Auflage 2011

Layout: Attila Jo Ebersbach, Kassel
Satz: Schneider Professionell Design, Schlüchtern-Elm
Druck: Hoehl-Druck Medien + Service GmbH
Buchbinderische Verarbeitung:
Buchbinderei Büge, Celle

34281 Gudensberg-Gleichen, Im Wiesental 1
Telefon: 05603/93050
www.wartberg-verlag.de
ISBN: 978-3-8313-2123-0

Vorwort

Württemberg und die Württemberger

Alles begann mit Conradus de Wirtemberc, der anno 1092 auf dem Rotenberg seine Stammburg Wirtemberg erbaute. Die Burg wurde 1820 abgetragen. Der Rotenberg, eine bevorzugte Weinflur, wird heute gewissermaßen gekrönt vom Betriebsgebäude der Weingärtnergenossenschaft Collegium Wirtemberg, die vor einigen Jahren den alten Namen wieder aufleben ließ. Ansonsten wurde aus Wirtemberg später Württemberg.

Das Land hatte eine turbulente Geschichte. Es wurde von Kurfürsten, Herzogen, Grafen und Landgrafen dirigiert, die sich auch mit Königen und Kaisern anlegten. Noch heute hat der Adel viel Bedeutung. Allein dem Haus Württemberg, dessen Familienoberhaupt Carl Herzog von Württemberg (geboren 1936) ist, gehören neben der Hofkammer-Kellerei im weitläufigen Gelände von Schloss Monrepos in Ludwigsburg mit über 40 Hektar Reben noch 5000 Hektar Wald, 2000 Hektar Wiesen, etliche weitere Grundstücke und einige Dutzend Kulturdenkmäler. Der Herzog, der korrekt mit „Seine Königliche Hoheit" angesprochen wird und sechs Kinder hat, ist sozial sehr engagiert. Weitere Adelige, die mit Wein zu tun haben und auch sonst viel Einfluss nehmen, sind beispielsweise Graf Neipperg in Schwaigern und Fürst Kraft zu Hohenlohe-Öhringen.

Mit der Möglichkeit, Regierungsgewalt auszuüben, war es für den Adel spätestens 1918 vorbei, als Württemberg Freistaat und ein Jahr später parlamentarische Republik wurde und ein Staatspräsident Staatsoberhaupt war – bis 1933. Im Herbst 1945 wurde Württemberg zunächst in die Länder Württemberg-Hohenzollern und Württemberg-Baden geteilt. 1951 kam es zu einer Volksabstimmung, die dieser Teilung ein Ende setzte. Seit 1952 gibt es Baden-Württemberg (was durch eine weitere Volksabstimmung in 1970 bestätigt wurde).

Dass Baden in der Namensgebung hier vorangestellt ist, mag die Württemberger gelegentlich wurmen. Aber zum Trost: Der

Der Rotenberg, Stuttgarts weiniges Wahrzeichen.

Regierungssitz Stuttgart befindet sich auf ihren Gemarkungen, ebenso die bedeutende Industrie (vor allem der Fahrzeugbau, der 2011 das Jubiläum „125 Jahre Automobil“ feierte).
Beim Wein fällt vor allem die sowohl in Württemberg als auch in Baden enorme genossenschaftliche Dominanz auf, mit jeweils rund 75 Prozent der Rebfläche. In deren Schatten tummeln sich allerdings zahlreiche ambitionierte private Betriebe. Bei den Sorten gibt es deutliche Unterschiede. Die Badener setzen vor allem auf die Burgunderfamilie in Weiß und Rot, während die Württemberger mit über 70 Prozent Flächenanteil eine interessante rote Vielfalt vorweisen können, in der Trollinger und Schwarzriesling die Hauptrollen spielen und der Lemberger qualitativer Star in dieser Szene ist – eine Sorte, die noch in den Neunzigerjahren in Baden nicht erlaubt war.

Sehr eigenständig sind die Württemberger an sich. Sie schätzen – wie die Badener – gute regionale Küche und gehobene Sterne-Küche gleichermaßen, haben aber ihre ganz speziellen Spezialitäten wie Maultaschen, Spätzle, Wurstknöpfle und Gaisburger Marsch. Immer wieder werden Kochwettbewerbe veranstaltet, bei denen Hobbyköche, begutachtet von Profis, ihr Können beweisen.

Der Dialekt ist in Württemberg ein anderer als der in Baden, der schon stark vom Alemannischen geprägt ist. Nicht leicht verständlich sind sie beide. Die Württemberger sind eher zurückhaltende Menschen. Zunächst. Hat man sie etwas aufgetaut, erscheinen sie auch den Fremden aus anderen Bundesländern zugänglich und ungemein herzlich, vor allem dann, wenn festgestellt wird, dass man in Sachen Genuss auf einer Wellenlänge sendet.

Nur mit Komplimenten halten sie sich zurück. Ein typischer Spruch der Württemberger lautet: „Nicht kritisiert ist genug gelobt.“ Womit der Autor der Hoffnung Ausdruck gibt, dass dieses Buch intensiv gelesen, aber nicht kritisiert wird und sich vielleicht sogar der eine oder andere Württemberger zu einem völlig untypischen Lob hinreißen lässt.

„Seliges Land“

Sie können bekanntlich alles außer Hochdeutsch – die Württemberger. Was sie besondern gut können, aber erst seit den 1990er-Jahren auf breiter Front, ist die Produktion von erstklassigen Weinen. „Kenner trinken Württemberger“ war einst ein Slogan, mit dem ziemlich dick aufgetragen wurde. Aber heute schätzen Kenner in der Tat die Weiß-, Rosé- und Rotweine aus dem Ländle und bezeichnen die Erzeuger, die hier Weingärtner oder mundartlich „Wengerter“ heißen (und „Winzer“ fast als Schimpfwort ansehen), als „Könner“.

Vor Jahrzehnten galt Württemberg als heile Insel in der rauen deutschen Weinsee. Gute Erträge (für die Qualität unvernünftig hoch) waren die Regel. Ein „Regle vor dem Herbst“ wurde geschätzt, weil das noch mal die Trauben aufschwemmte und zu mehr Wein führte. Trotz eher durchschnittlicher Qualitäten konnten die Weine zu einem ansprechenden Preis verkauft werden, von dem die Winzer in anderen Regionen seinerzeit nur träumten. Es spielte auch keine Rolle, dass hier die Genossenschaften mit einem Flächenanteil von rund 75 Prozent absolut dominant waren. Den Kooperativen traute man ehemals zwar nicht zu, dass sie zu besonderen Qualitäten fähig sind. Dennoch verkauften sie gut und verhältnismäßig hochpreisig (heute gibt es einige Genossenschaften, die mit guten Privatwinzern qualitativ auf Augenhöhe stehen).

Nicht immer waren früher die Zeiten so rosig für die Wengerter. Blick zurück in den Jahrgang 1552, in dem schlechtes Wachstum der Reben einen miserablen Jahrgang erwarten ließen. Die Gegenmaßnahme war ziemlich rustikal: „…verbrannte deswegen neun alte Weiber als Hexen, hierauf warme Witterung eintrat und die Reben wieder ausschlugen.“

Württemberg war damals ein riesiges Weinland. Davon schwärmte noch gut zwei Jahrhunderte später Poet Friedrich Hölderlin (1770–1843), ein Bürger der Weinstadt Lauffen am Neckar: „Seliges Land, kein Hügel in dir wächst ohne Weinstock.“ In der

Zeit vor dem Dreißigjährigen Krieg (1618–1648) waren 45 000 Hektar mit Reben bestockt, viermal so viel wie heute (rund 11 500 Hektar). Selbst im Raum Ulm wurde Wein erzeugt. Aber in jenen Zeiten gab es auch in München Rebfluren. Und möglicherweise wird es in den nächsten Jahrzehnten neue Flächen in Gebieten geben, die heute niemand auf der Rechnung hat.
So wurde in Isny im Allgäu vor wenigen Jahren ein Winzerverein gegründet, der „im Vorgriff auf eine künftige Klimaerwärmung" in diesem heilklimatischen Kurort mit Weinbau starten will. Die Nähe zum württembergischen Weinbau wäre schon mal gegeben, da es am nicht weit entfernten Bodensee einige Weinorte gibt, die zu Württemberg gehören.
So etwas wie der Allgäuer Rebbau fällt heute unter die Rubrik Hobby. Früher war Weinertrag für die Menschen vielfach lebenswichtig. Not war allgegenwärtig. Bekämpfen konnte man sie allenfalls mit genügend Saft aus den Trauben. Wichtig war die Menge, nicht die Qualität. Noch zu Beginn des 19. Jahrhunderts wurde die Wertigkeit der Trauben lediglich nach der „Brühe" die sie gaben, beurteilt. Um 1820 notierte ein Oberfinanzrat: „In staatswirtschaftlicher Hinsicht ist der Weinbau für unser Land im Durchschnitt schädlich und dem Fortschreiten des Nationalwohlstands sehr hinderlich." Weinexperte Johann Philipp Bronner (1792–1864) aus dem badischen Wiesloch urteilte über die Nachbarn: „Die Winzerkaste ist die geborene Opposition der Weinbauverbesserung."

Eine sog. Weinbauverbesserungsgesellschaft, die man als Vorläufer des Weinbauverbandes ansehen kann, sorgte langsam dafür, dass bessere Sorten wie Riesling, Clevner und Traminer angepflanzt wurden. In Orten wie Neckarsulm, Heilbronn, Fellbach und Esslingen bildeten sich die ersten Zusammenschlüsse von Weingärtnern. Wertvolle Impulse bekam der „notleidende Weingärtnerstand" (ein geflügeltes Wort im 19. Jahrhundert) dann von der 1868 gegründeten Königlich Württembergischen Weinbauschule in Weinsberg.

So richtig durchstarten konnten die Weingärtner freilich immer noch nicht. Zwar sorgten in der ersten Hälfte des 20. Jahrhunderts die neu gegründeten Weingärtnergenossenschaften auf breiter Front dafür, dass die Abhängigkeit von den Handelskellereien geringer wurde. Aber erst Jahre nach dem Zweiten Weltkrieg wurde vieles besser. Land und Staat machten Mittel locker. Allein zwischen 1952 und 1977 wurden über 350 Millionen Mark in die Kellereien investiert und unwegsame Reb-

Ordnung muss sein. Die Wengerter sind sehr bedacht auf die Pflege ihrer Weingärten.

flure saniert. Vor allem die Erhaltung des vielfach verbreiteten Terrassenweinbaus war damals schon eine teure Angelegenheit. Manche dieser Steillagen sind bis zu 1000 Jahre alt und auch wichtige Lebensräume für Flora und Fauna.

Heute ist Württemberg mit seiner Rebfläche an vierter Stelle unter den 13 deutschen Anbaugebieten. Das Image gegenüber früher ist deutlich besser. Die privaten Wengerter nutzen das Potenzial ihrer Lagen. Auch die Genossenschaften haben Gas gegeben. Vielfach sind hier junge Mitglieder am Werk, die – obwohl sie nur im Weinberg schaffen – sogar Weinbau und Önologie studierten, um in ihren Betrieben mitreden zu können. Eine neue, fortschrittlich orientierte Kellermeister-Generation stellt hohe Anforderungen an die Qualität der Trauben. Die Weinbauern werden zudem von Fachberatern bei der Arbeit in den Reben angeleitet. So sind Enttäuschungen mit Wein aus Württemberg heute selten, aber dafür positive Überraschungen normal.

Weinverkostung: Objektiv und subjektiv

Württemberger Wein wird immer wieder mal in Wettbewerben streng verkostet und soll sich hier auch möglichst im Vergleich mit den Gewächsen aus anderen Anbaugebieten behaupten. Dabei kann es gelegentlich zu etwas kuriosen Situationen und Ergebnissen kommen. So stand eines Tages Lemberger auf dem Prüfstand – probiert wurde blind. Die Flaschen kamen verhüllt auf den Tisch, niemand kannte den Erzeuger. Nur der Jahrgang und eben die Sorte waren bekannt.
Bei solchen Verkostungen kann es durchaus sein, dass Weinproduzenten mitprobieren. Schließlich sind sie auf diesem Feld geschult und bringen reiche Erfahrungen über die Eigenheiten einer Sorte und ihre Typizität ein. Die Profis sind durchaus in der Lage, ihren eigenen Wein herauszuschmecken. Oder sie

Zuerst prüft das Auge, dann die Nase und schließlich tanzt der Wein auf der Zunge und wird dabei in seine Geschmacksbestandteile zerlegt.

meinen zumindest, ihn erkennen zu können, sollen aber natürlich dennoch ein ehrliches Urteil abgeben. So, wie es beim Lemberger ein namhafter Schwabe tat. Er schmetterte einen Wein, der im Aroma nicht eben reintönig war („Böckser“ sagt man in der Fachsprache zum Duft nach faulen Eiern) und auch von den anderen Verkostern kritisch betrachtet wurde, mit elf von 20 möglichen Punkten ab und meinte: „Ich glaube, heute habe ich meinen eigenen Wein niedergemacht.“ Treffer! Dieser war verzeihlich, weil sich solche Fehler manchmal erst entwickeln, wenn der Wein schon eine gewisse Zeit in der Flasche verbracht hat. Unser Experte hatte den Wein aus seinem Keller ein Weilchen nicht mehr probiert und keine Ahnung von der Fehlentwicklung gehabt. Aber die Stilistik seines Lemberger war ihm so vertraut, dass er ihn doch erkannte.

Weinverkostung war einst eine Männerdomäne. In den letzten Jahren ist die Teilnahme von Frauen. Im Bild Katharina Veit von der Weinmanufaktur Untertürkheim.

Die Württemberger und ihre Königinnen

„Fahr einfach hin, Mädle. Du wirst es sowieso nicht. Es war noch nie eine aus Württemberg. Die mögen unsere Sprache nicht.“ Mit diesen „aufbauenden“ Worten schickte Württembergs Weinbaupräsident Gotthilf Link im Oktober 1976 eine erst vor wenigen Monaten zur württembergischen Weinkönigin gewählte junge Dame aus Untergruppenbach nach Neustadt/Weinstraße zur Wahl der Deutschen Weinkönigin. Friedlinde Gurr fuhr ohne moralische Schützenhilfe und sonstige Begleitung in die Pfalz – und kehrte als Deutsche Überraschungs-Weinkönigin in die Heimat zurück.

Die neue deutsche Weinregentin muss ganz einfach auch gut gewesen sein und hatte vermutlich ihr Schwäbisch gut im Zaum, so dass der Charme perfekt rüberkam. Gleichwohl hatte Gotthilf Link vorher so unrecht nicht gehabt: Eine Deutsche Weinkönigin wurde seit 1949 gewählt. Die meisten anderen Anbaugebiete stellten sie mehrfach. Friedlinde Gurr war die erste Württembergerin. Nach ihr schafften es zwar in relativ kurzen Zeitabständen zwei weitere Mädles aus dem Ländle, nämlich Carola Geiger aus Grantschen (1983/84) und Helga Drauz aus Heilbronn (1986/87). Aber seitdem herrscht wieder Sendepause. Selbst die mit ebenfalls einer sehr eigenständigen Mundart versehenen Sachsen stellten, obwohl erst seit 1990 im Rennen, schon zweimal die Deutsche Weinkönigin. Die Württemberger fanden einen „Ausweg“. Die vorher sächsische und dann deutsche Queen Evelyn Schmidt aus Radebeul (2007/8) ist heute Marketing-Mitarbeiterin der Weinbauschule Weinsberg …
Weinkönigin ist durchaus eine gute Basis für eine spätere berufliche Karriere. Carola Geiger-Kaiser (Jahrgang 1962) blieb aber im Wesentlichen ihren Wurzeln treu. Sie bewirtschaftete weiterhin einen kleinen Weingarten und lieferte ihre Trauben an die Genossenschaft in Grantschen ab. Beruflich blieb sie dem Wein außerdem verbunden durch eine Tätigkeit in der Heilbron-

ner Wein-Villa, einer von 17 Heilbronner Betrieben getragenen Begegnungsstätte für Genuss. Helga Drauz-Oertel (Jahrgang 1967) bewirtschaftet das Familienweingut in Heilbronn. Nur Friedlinde Gurr-Hirsch (Jahrgang 1954) feierte in der Politik einen steilen Aufstieg.
Über örtliche und regionale Ämter kletterte sie in der CDU nach oben. 2001 wurde sie in den Landtag gewählt. 2004 avancierte sie zur Staatssekretärin im Ministerium für ländlichen Raum, Ernährung und Verbraucherschutz – wobei sie gern erzählt, sie habe „der Teufel geholt“ (weil Erwin Teufel damals Ministerpräsident von Baden-Württemberg war). Seit 1978 ist sie mit dem Geschäftsführer des Weinbauverbandes Württemberg, Karl-Heinz Hirsch, verheiratet, lässt ihn Zu Hause Trollinger trinken und widmet sich selbst lieber dem Riesling.

Die einstige Weinkönigin Friedlinde Gurr-Hirsch machte in der Politik Karriere. Sie trinkt am liebsten Riesling.

An die Zeit als Weinkönigin hat sie gute und einige kritische Erinnerungen. Als ihr 1976 der damalige Bundeslandwirtschaftsminister Josef Ertl die Krone aufsetzte, war sie im wahrsten Sinn des Wortes eine Wein-Königin – die Tränen flossen vor lauter Glück. Danach musste sie Kritik in den Medien aushalten, weil geschrieben wurde, die Tochter eines Zuckerrübenbauers sei Deutsche Weinkönigin. Das war natürlich eine Anspielung auf die damals noch in großem Umfang praktizierte Anreicherung des Mostes mit Rübenzucker (der Klimawandel der letzten Jahre hat dafür gesorgt, dass das Thema keine so bedeutende Rolle wie vor über 20, 30 Jahren spielt). Die Königin konnte indes klarmachen, dass die Eltern nicht nur eine Landwirtschaft betrieben, sondern auch Weingärtner und als solche Genossenschaftsmitglied waren, sodass sich die spöttischen Wogen wieder glätteten.
In der Politik weiß man natürlich von ihrem „Vorleben". Aber ihre Weinkompetenz muss sie nicht allzu oft ausspielen. „Weinkenntnis gehört in Baden-Württemberg fast zur politischen Erziehung", lacht sie. Nur Kollegen, die nicht aus einer Weinregion kommen, fragen schon mal in trauter Runde im Restaurant: „Friedlinde, welchen Wein würdest du empfehlen?"
Politisch hat es im Frühjahr 2011 Änderungen gegeben. Der Regierungswechsel in Baden-Württemberg von Schwarz-Gelb zu Rot-Grün kostete sie ihre Position als Staatssekretärin. Aber sie blieb der Politik als Abgeordnete erhalten und avancierte zur stellvertretenden Vorsitzenden der CDU-Landtagsfraktion.

Die vielen Kinder der Weinkönigin

Etliche der württembergischen Weinköniginnen hatten schon bei der Wahl viel Profil und entwickelten das noch weiter. Einige machten berufliche Karriere wie beispielsweise die Staatssekretärin Friedlinde Gurr-Hirsch. Aber keine hatte einen so ungewöhnlichen Beruf gewählt wie Karolin Harsch aus Güglingen, die 2010/11 das Wein-Ländle regierte.
Das Licht der Welt erblickte sie am 18. November 1984, war dann nach Schule und Gymnasium von Oktober 2005 bis April 2006 bei einem missionarischen Einsatz in Kenia und bestand hier bereits die ersten Prüfungen in ihrem damals schon weitgehend feststehenden Berufsziel: Hebamme.
Weingärtnerin stand nie auf dem Programm, die Eltern sind auch „nur" Traubenlieferanten an die örtliche Genossenschaft. Karolin Harsch hat zwar viel Interesse für Wein und schätzt vor allem die halbtrockenen Versionen. Kurzzeitig hat sie über ein Weinbaustudium nachgedacht, sah aber aufgrund der kleinen Rebfläche zu Hause keine rechte berufliche Perspektive. Auch Lehrerin hätte sie sich als Berufsziel vorstellen können. Sie hatte auch mal während eines Praktikums in der Hauptschule ein halbes Jahr lang im Gefängnis heranwachsende Jugendliche, die eine Strafe absitzen mussten, für den Hauptschulabschluss unterrichtet.
Aber Afrika war der prägendere Aufenthalt. Sie lebte damals bei einer Pastorenfamilie mit vier Kindern, arbeitete im Krankenhaus und wurde hier nach dem Motto „Eine junge Deutsche muss alles können" zur Geburtenhilfe eingeteilt. Hier brachte sie „ihre" ersten Kinder zur Welt. Als sie im November 2011 als Weinkönigin abschloss und viele Komplimente bekam, weil sie die begleitende Berufsausbildung und das Amt als „Wein-Queen" unter einen Hut brachte, waren schon rund drei Dutzend Kinder zusammengekommen, denen Karolin ans Licht der Welt verhalf. In den nächsten Jahrzehnten werden es vermutlich ganze Hundertschaften sein …

Irgendwann wird der „absolute Familienmensch“ mit zwei älteren Schwestern selbst eine Hebamme beanspruchen, ist zu vermuten. Aber das Nesthäkchen in der Familie lässt sich dafür noch Zeit. Bislang sind ihre Ansichten über einen notwendigen Mann etwas vage, wie das Beispiel einer Verkostung in einem Württemberger Restaurant deutlich macht. Als sie einen Schluck aus einer Flasche Lemberger der Weingärtnergenossenschaft Cleebronn-Güglingen probiert hat, schaut sie auf das Etikett und stellt fest, der Wein hat den Zusatznamen „Emotion“. Dann fällt sie ein ungewöhnliches Urteil: „Das passt, wenn das ein Mann wäre, würde ich den sofort heiraten.“

Weinkönigin Karoline Harsch.

Zucker, Pulver, Brotwasser und elf Finger

„Nein, ich will keinen süßen Wein!“, schimpfte die Genießerin, als ihr in einem Stuttgarter Lokal ein „Cannstatter Zuckerle“ empfohlen wurde. Ein Irrtum. Denn der Wein aus dieser exponierten Lage des Stuttgarter Stadtteils ist nur ganz selten süß, etwa dann, wenn die Natur einen edelsüßen Eiswein schenkt. Die Wengerter, die auf diesen 20 Hektar wirken, mögen es lieber herb – was auch irgendwie zum Landschaftsbild passt. Das Zuckerle ist eine Hanglage, in der Weinbergpflege harte und keineswegs süße Arbeit ist. Die Reben stehen auf Steinterrassen, im Boden finden sich Muschelkalk und Lehm. Trollinger, Riesling, Lemberger und Spätburgunder sind hier die wichtigsten Sorten. Wengerter erklären den Lagennamen mit dem doch recht hohen Zuckergehalt in den Trauben, was zu gehaltvollen Weinen beiträgt, sich aber nicht im Geschmack äußern muss.

Riesling-Trauben für das Stettener Brotwasser.

Württembergs Weinfluren haben teilweise recht originelle Namen.

Reben, so weit das Auge reicht, aber oft ganz unterschiedlich angeordnet.

Lagennamen gibt es viele im Ländle. Einige stiften – wie die Cannstatter Flur – leichte Verwirrung. Bei vielen lässt sich schon vom Namen her erahnen, was hier einst Bedeutung hatte oder nicht. Ein Mönchberg ist ein Hinweis auf einstige Tätigkeit von Klosterbrüdern. Oft ist das Wort „Steige" ein Bestandteil eines Lagennamens. Damit wird angedeutet, dass es steil hinauf oder hinunter geht. Ähnlich ist es beim vielfach verwendeten „Berg".

Beim Fellbacher Gips steckt im Boden tatsächlich Gipskeuper. Vom Aichwalder Luginsland hat man eine wunderbare Aussicht. Der Stettener Pulvermächer explodiert nicht etwa auf der Zunge. Der Name dieser Flur im Remstal ist vielmehr vermutlich auf Sprengungen zurückzuführen, die hier einst in einer ehemaligen Steingrube betrieben wurden.

So wie es der jeweiligen Sorte m besten bekommt.

Beim Lauffener Katzenbeißer, einer Flur mit 572 Hektar, deren Weine von den Lauffener Weingärtnern zur populären, national bekannten Marke gemacht wurden, muss man keine Angst haben, dass einen beim Genuss von Schwarzriesling eine Katze beißt. Möglicherweise haben hier einst Luchse ihr Unwesen getrieben und kleine Katzen als Beute mitgehen lassen – damit wären sie Katzenbeißer gewesen. In einer anderen Version spielen Geldbeutel eine Rolle, die einst „Geldkatz" genannt wurden. Weil die Lauffener Weine schon früher einen guten Namen hatten und etwas mehr Geld als andere Württemberger Weine kosteten, wurde die Geldkatz strapaziert oder „gebissen".

Mit zwei besonders originellen Lagennamen kann das traditionsreiche Weingut des Herzogs von Württemberg mit Sitz auf

Schloss Monrepos in Ludwigsburg aufwarten. Da ist zunächst Stettener Brotwasser. Die 2,8 Hektar Riesling befinden sich im Alleinbesitz des adeligen Hauses. Der Name ist auf eine Ende des 17. Jahrhunderts in Stetten lebende Hofdame zurückzu führen, die gern Wein trank, aber ihren reichlichen Konsum vor der höfischen Öffentlichkeit verbergen wollte. Also ließ sie sich einfach den Krug, der für das übliche „Brotwasser" bestimmt war, mit Wein füllen. Und jedes Mal, wenn sie das trockene Brot in das vermeintliche Wasser tauchte, nahm sie nicht nur via Brot etwas Wein zu sich, sondern nutzte die Gelegenheit, einen Schluck vom „Wasser" zu trinken.

Bald fiel auf, dass die Dienerschaft mit dem leeren Krug nicht zum Brunnen eilte, sondern in den Keller marschierte. Und da Diener geschwätzig sein können, war es schließlich mit der Geheimnistuerei vorbei. So bekam der Lieblingstropfen der durstigen Weinfreundin den Namen „Brotwasser".

Einen ähnlich guten Ruf wie der Riesling aus dem Stettener Brotwasser haben heute noch Riesling und Lemberger aus dem Maulbronner Eilfingerberg, der vor rund 850 Jahren von den Zisterziensermönchen neben dem Kloster Maulbronn angelegt wurde. Das Kloster ist Weltkulturerbe der UNESCO, der Eilfingerberg gilt als einer der wertvollsten Rebfluren Württembergs. Der Name resultiert aus einer Sitte der Mönche, die harten Ordensregeln unterworfen waren. In Fastenzeiten war es verboten, Wein zu trinken. Aber es war nicht untersagt, das köstliche Nass von den Fingern abzulecken. Deshalb tauchten die Mönche beide Hände in den köstlichen Wein und wünschten sich dabei, dass sie elf Finger haben würden, um noch mehr genießen zu können.

Der fromme Wunsch wurde bald zu einer festen Redewendung. Damals schrieb man freilich noch nicht „elf" sondern „eilf", sodass die Hofkammer-Kellerei diese alte Schreibweise in die heutige Zeit übernahm.

Eine Rebsorte macht Karriere

Der Trollinger, Brot- und Butterwein der Schwaben, von vielen Genießern eher verächtlich betrachtet, wird seit einigen Jahren durchaus respektvoll eingeschenkt – nicht mehr nur ins traditionelle Henkelglas, sondern in ein richtiges Rotweinglas. Ein Grund dafür ist, dass sich immer mehr Erzeuger um eine neue Stilrichtung bemühen: nicht mehr nach kurzer Maischeerhitzung ein süßlich anmutender heller Saft, der das Prädikat „schamrot" verdient und bei dem man seine Zweifel hat, ob es sich hier wirklich um Rotwein oder nicht um einen Rosé handelt. Heute ist der Rotwein ein Produkt aus niedrigeren Erträgen weit weg von den einst üblichen Massenernten mit über 100 Hektoliter auf dem Hektar, lang auf der Maische vergoren, dann im traditionellen Holzfass ausgebaut und schließlich betont herb, durchgegoren abgefüllt.

So hat der Trollinger plötzlich Struktur und macht als Wein richtig Spaß. Gewissermaßen einen Urknall erlebte die Sorte 2008, als eine Abfüllung der Remstalkellerei aus Weinstadt beim Wettbewerb um den Deutschen Rotweinpreis des Magazins Vinum auf dem überraschenden zweiten Platz landete, zwar „nur" in der Kategorie „Unterschätzte Sorten" (außerdem Schwarzriesling, Portugieser). Aber dass überhaupt ein „Trolli" auf's Treppchen kam, wurde allgemein als Sensation gewertet. Die Branche reagierte. Bis 2008 wurden immer nur einige Trollinger für diese Disziplin angestellt. In den beiden Jahren darauf waren es rund 50 Anstellungen. Und der Trollinger festigte seinen Platz in der Spitze: 2009 gewann Rainer Schnaitmann aus Fellbach, im Jahr darauf kam er auf den zweiten Rang.

Der Trollinger war eigentlich lange ein Wein, um den Kenner einen weiten Bogen machten. Gut, die Viertele-Schlotzer hielten sich gern am landestypischen Henkelglas fest. Und die Schwaben schätzten ihn als unkomplizierten Begleiter zur Vesper oder zu Maultaschen und hielten sich an die alte Regel: „Trollinger, mässig genossen, schadet auch in großen Mengen nicht." Gern wurde das typische württembergische Fünf-Gang-Menü zitiert: ein Rostbraten, vier Schoppen Trollinger.

Die Württemberger haben auf breiter Front Selbstbewusstsein mit ihrer wichtigsten Rotweinsorte entwickelt. 2009 wurde als „Jahr des Trollinger" ausgerufen. Die regionale Weinwerbung betrat neue Pfade und schrieb einen Wettbewerb aus, bei dem die besten Cocktails mit mindestens 50 Prozent Trollinger-Anteil gesucht wurden. Bei der Verleihung der Deutschen Filmpreise in Berlin spielte die Sorte schon mehrfach nicht mehr nur eine Nebenrolle als Getränk für die Prominenz.

Trollinger mit Früchten – ein leckerer Cocktail.

Einst schätze man hohe Erträge beim Trollinger, heute wird hohe Qualität angestrebt.

Die Wertschätzung der Württemberger wird dokumentiert durch Trollinger-Straßen, die man in einigen Orten findet. Nur in Württemberg gibt es sogar einen Trollinger-Marathon (jedes Jahr im Mai), bei dem die Strecke durch Heilbronner Rebfluren führt. Jedes Jahr gehen einige tausend Sportler auf die Strecke. Unterwegs kann man sich mit Trollinger oder der beliebten Cuvée Trollinger/Lemberger stärken und darüber freuen, dass Wein nicht auf der Doping-Liste steht.

Sieben Winzerinnen aus dem privaten und genossenschaftlichen Bereich, alle Mitglieder in der Weindamen-Vereinigung „Vinissima“, taten sich zusammen und produzieren nach bestimmten, qualitätsfördernden Kriterien von alten Reben die Serie „Der Trollinger“ mit einheitlichem Etikett. „Wir wollen keine neue Modewelle begründen, sondern auf etwas aufmerksam machen, das es seit vielen Generationen bei uns gibt“, erklärt Christina Hengerer-Müller vom Weingut Drautz-Hengerer in Heilbronn. Den Geschmack beschreibt sie als „unverhüllt und ungeschminkt“.

Das ist auch die passende Linie für die Sorte, die selten in hohe Mostgewichtssphären gelangt und auch kaum Tauglichkeit für allzu fruchtige Abfüllungen hat. Gelegentlich schafft es der Trollinger allerdings in hohe Prädikatsbereiche, wenn der Frost zuschlägt. Der Rekord liegt bei 292 Grad Öchsle, registriert am 5. Dezember 1973. Der Eiswein wurde damals in der Schlosskellerei Affaltrach eingebracht, die es seitdem immer wieder versucht, Trauben bis zur ersten Kältewelle am Stock zu lassen. Einige Eisweine konnten später noch geerntet werden, aber das Mostgewicht der 1973ers wurde nie mehr auch nur annähernd erreicht.

Die Bedeutung des Trollingers für Württemberg wird durch einen Blick in den Rebflächenstatistik deutlich. Mit rund 2500 Hektar steht die Sorte an erster Stelle noch vor Riesling, Schwarzriesling und Lemberger. Der Name wurde erstmals im 16. Jahrhundert in Württemberg registriert. Ob es sich dabei aber bereits um „unsere" Sorte handelte, ist nach einer Doktorarbeit der heutigen Weinhändlerin Christine Krämer aus Stuttgart fraglich. Sie glaubt, dass es sich damals um eine rote weinige Handelsware handelte, die nach ihrer Herkunft aus Norditalien so oder so ähnlich genannt wurde. Erst später, im 18. Jahrhundert, sei die Festlegung auf eine bestimmte Sorte erfolgt.
Ein einstiges Synonym war Welscher. Bekannt sind außerdem die Namen „Hammelshoden" und „Fleischtraube", vermutlich wegen der prallen, großen Trauben. Sicher ist, dass Trollinger mit Vernatsch (das Synonym in Südtirol) und Schiava (Trentino) identisch ist. Und uralt. Denn letzterer Sortenname taucht bereits im 12. Jahrhundert als sclava oder sclavis auf.
Trollinger hat gute Eigenschaften als Tafeltraube. Die säurearme Sorte war bereits im 18. Jahrhundert als „Black Hamburg" nach England verschifft, dort unter Glas gezogen und dann verspeist worden. Mit dem in Württemberg neuerdings beliebten, aromatischen Muskattrollinger ist die Rebe allenfalls indirekt verwandt. Es handelt sich vermutlich um eine natürliche Kreuzung von Trollinger mit dem Muskat Alexandria, die Traube der griechischen Insel Samos.

Des Trollingers mystische Kräfte

Es ist eine wahre Geschichte! Ich bekenne mich schuldig. Ich bin dafür verantwortlich, dass die deutsche Fußball-Nationalmannschaft 2002 nicht Weltmeister wurde (eine Zuständigkeit für das Frauen-Team, das 2011 an Japan scheiterte, gibt es allerdings nicht). Mitgespielt habe ich damals zwar nicht, obwohl mir das runde Leder nicht fremd ist. Aber ich habe mit dem Trollinger zunächst erfolgreich Strippen gezogen und dann, als es darauf ankam, leider versagt …

Begonnen hatte alles mit einem WM-Qualifikationsspiel gegen Griechenland im Frühjahr 2001, das ich in einem Hotelzimmer in Württemberg im Fernsehen anschaute. Beim 1:2-Rückstand öffnete ich verzweifelt eine Flasche Trollinger, die am Nachmittag bei einer Verkostung positiv aufgefallen war. Zwei Gläser später hatte Deutschland noch das Spiel gedreht und 4:2 gewonnen.

Einen Zusammenhang zwischen dem Trollinger und dem Spiel stellte ich damals noch nicht her. Aber ein paar Wochen später stand der FC Bayern München im Endspiel der Champions League gegen den FC Valencia. Als es bei dem Kick in Mailand schnell 0:1 stand und die Münchner noch einen Elfmeter verschossen, war zufällig wieder ein Trollinger zur Hand. Was folgte: Die Bayern schossen in der regulären Spielzeit den Ausgleich durch einen weiteren Elfmeter. Getroffen hatte Stefan Effenberg. Danach überstand der FC die Verlängerung und gewann schließlich im Elfmeterschießen, weil Torhüter Oliver Kahn drei Strafstöße parierte.

Im Jahr darauf bei der WM in Japan/Südkorea erinnerte ich mich an diese glückliche Fügung, als ich beim deutschen 8:0 gegen Saudi-Arabien wieder Trollinger genoss. Hinterher dachte ich mir zwar, dass die Deutschen das auch ohne diese Schützenhilfe geschafft hätten. Doch beim wichtigen, schweren Spiel gegen Kamerun ging ich dennoch auf Nummer sicher und stellte einen Trollinger aus dem Remstal kühl. Ergebnis: 2:0 und der Einzug in die nächste Runde.

Der Aberglaube wuchs. Dreimal assistierte der „Trolli“ bei knappen und glücklichen 1:0-Siegen der Deutschen gegen Paraguay, die USA und Südkorea. Dann kam das Endspiel gegen Brasilien. Ich war auf Recherche in Rheinhessen unterwegs, kein Trollinger weit und breit, nur Riesling und Silvaner, Weißburgunder und Spätburgunder – alles untaugliche Getränke für dieses besondere Ereignis. Das Spiel ging bekanntlich 0:2 verloren, Deutschland war „nur“ Vize-Weltmeister – weil ich den Trollinger vergessen hatte.

Holzfassexperten und etwas Höllisches ...

Eigentlich müsste er Weingärtnerverband heißen. Aber es würde möglicherweise außerhalb des Ländles zu Irritationen führen, wenn die Württemberger auf dem Begriff „Weingärtner“ beharren. Deshalb heißt ihre Interessenvertretung ganz normal „Weinbauverband“ und hat ihren Sitz in Weinsberg. In diesem Verband wiederum haben verschiedene Gremien entsprechend ihrer Bedeutung Sitz und Stimme. Ganz klar ist, dass die Genossenschaften, die rund 75 Prozent der Erntemenge vermarkten, im Gebietsverband tonangebend sind und seit etlichen Jahren auch jeweils den Präsidenten stellen. Dabei wird Kontinuität geschätzt: Hermann Hohl, Winzermeister mit zehn Hektar Reben in Willsbach und Mitglied der dortigen Genossenschaft, ist seit 1991 im Amt.

Neben dem Dachverband gibt es noch einige kleinere und größere Vereine und Kooperationen, zum Teil mit Doppel- oder gar Dreifach-Mitgliedschaften. Der mitgliederstärkste ist der Verein Württemberger Weingüter. Ihm gehören mehr als hundert Betriebe an, von denen einige durchaus Ehrgeiz entwickeln und mit der Elite im Gebiet mithalten können.

Die Diskussion über die Weine der Selbstvermarkter begann im Jahr 1976. Der damalige Weinbaupräsident wurde in der Presse mit den Worten zitiert: „Die Weine der Selbstvermarkter sind teilweise problematisch.“ Einige Weingärtner aus Heilbronn fühlten sich angegriffen. Es wurmte sie besonders, dass sich ein Präsident aus den Reihen der Genossenschaften so äußerte. Es gab einen scharfen Brief an die Verbandsführung, eine Aussprache, eine Gegendarstellung – und eine Vereinsgründung.

Mit 57 Mitgliedern startete der VSWW, dessen Wortführer damals wohl durchaus Nachholbedarf in der Qualität erkannten. Ein paar Jahre später waren es schon fast doppelt so viele Erzeuger, die insgesamt rund 550 Hektar der Rebfläche repräsentierten. Neben Seminaren für die Fortbildung inklusive Lehrfahrten betreibt man Öffentlichkeitsarbeit, zum Beispiel mit dem für alle

Der amtierende Weinbaupräsident Hermann Hohl.

schwäbischen Wengerter offenen und auch gut angenommenen Trollinger-Wettbewerb, der 2011 zum 14. Mal stattfand. Man tritt gemeinsam auf Messen auf und sieht sich als berufsständische Vertretung gegenüber den Behörden und in der Weinbaupolitik. Stark ist das Engagement im Bereich der Ausbildung.
Knapp die Hälfte der Mitglieder verkauft den Wein über eine eigene Besenwirtschaft. Umfangreich ist das Veranstaltungsprogramm der Betriebe. Prominentestes Mitglied in diesem „Club der Individualisten" ist sicher das Weingut des Herzogs von Württemberg in Ludwigsburg. Mit dabei ist aber auch das Weingut der Stadt Stuttgart. National bekannt ist das ambitionierte Weingut G.A. Heinrich in Heilbronn.
Der bedeutendste Verein ist zweifellos der regionale Ableger des Verbandes Deutscher Prädikats- und Qualitätsweingüter (VDP). Ihm gehören 15 Betriebe an, die überwiegend erstklassige Weine erzeugen. Selbstverständlich gehört auch das Staatsweingut Weinsberg zum VDP-Adel und strebt wie alle Kollegen jedes Jahr möglichst einige „Große Gewächse" an, die höchste Qualitätsstufe für herbe Weine innerhalb des Bundes-VDP.
Einige der Betriebe sind außerdem Mitglied in der Vereinigung mit dem merkwürdigen Namen „Hades". Das ist in der griechischen Mythologie der Sohn des Kronos und der Rhea und zu-

gleich Herr der Unterwelt oder gleich die Unterwelt selbst. Die Schwaben bleiben auf der Erde und wollen allenfalls höllisch gute Weine erzeugen. Um welche Art es sich handelt, wird durch einen Untertitel des Vereins deutlich: „Große Weine aus kleinen Fässern“. Der Name setzt sich zusammen aus den Anfangsbuchstaben der beteiligten Häuser. Das sind neben Hohenlohe und Adelmann Drautz-Able, Jürgen Ellwanger und der Sonnenhof der Familie Fischer. Es gibt noch einen sechsten im Bunde, der nicht mehr unterzubringen war, nämlich das Staatsgut in Weinsberg, das mit seiner Weinbauschule außerdem für die wissenschaftliche Begleitung sorgt.

1986, als gerade der Barrique-Ausbau in Deutschland in Mode kam, fand sich dieses Sextett zusammen. Sie probierten alles Mögliche aus, bis hin zum Schillerwein im neuen, kleinen Holzfass. Sie experimentierten mit schwäbischer und französischer Eiche, unterschiedlichen Herstellungsarten der Barriques, mit Cuvées und Lagerzeiten, mussten in den ersten Jahren damit leben, dass ihre holzgetönten – und seinerzeit zweifellos oft übertönten – Gewächse von der Weinprüfung nicht akzeptiert wurden. Die neuen, damals kaum bekannten Holzaromen irritierten.

Der Weg aus dem „vinologischen Untergrund“ war erst Mitte der Neunzigerjahre möglich. Da konnte endlich darauf verzichtet werden, die Weine durchwegs (und teuer) als Tafelwein zu vermarkten. Die Funktionäre hatten gelernt und umgedacht: Jetzt bekamen die Weine den Segen als „Qualitätswein“ und könnten ihn sogar als „Prädikatswein“ bekommen. Aber man will sich nicht „ins enge System dieser Klassen“ einfügen. Deshalb belässt man es schlicht beim Qualitätswein (abgefüllt in eine dunkle, schwere Schlegelflasche) und verzichtet auf immer wieder mal mögliche Deklarationen als Spätlese oder Auslese. Mit einer vereinsinternen Kontrolle soll vermieden werden, dass mittelmäßiger Wein in dieser Top-Ausstattung in den Verkauf kommt. Hier sind die „Hades“-Winzer im Gegensatz zu den ersten Lernjahren inzwischen deutlich strenger geworden.

Die Talente der Genossen

Württembergs Weinwelt hat sich verändert, auch im früher oft als etwas schwerfällig angesehenen genossenschaftlichen Bereich. Junge Kellermeister sorgen in etlichen Betrieben für frischen Wein, haben progressive Ideen und machen überzeugende Weine. Sie haben eine gute Ausbildung absolviert, einiges von der weiten Welt gesehen und überall gut aufgepasst.
Dass dies auch bei den Mitgliedern der Fall sein kann, mag überraschend klingen. Denn schließlich müssen sie „nur" dafür sorgen, dass gutes Traubenmaterial im Herbst angeliefert wird, mit dem der Kellermeister etwas anfangen kann. Aber hier sind es vor allem junge Weingärtner, die Ehrgeiz entwickeln, ein Mitspracherecht beim Weinmachen einfordern und sogar eigene Projekte initiieren. Dies alles geschieht teilweise auf Basis einer gesunden Ausbildung bis hin zum weinbaulichen Studium, ver-

Die jungen Mundelsheimer Weingärtner widmen sich besonders dem Lemberger.

bunden mit Praktika im fernen Ausland, sogar in Übersee. Ganz so, wie das heute bei privaten Weingärtnern und deren Nachwuchs üblich ist.

So waren Mitglieder der Lauffener Weingärtnergenossenschaft schon in Südafrika, Neuseeland, Australien und Kalifornien, um sich fortzubilden. Zu Hause leben die Familien überwiegend vom Vollerwerb, das heißt, von dem, was sie ernten und komplett an ihre Genossenschaft abliefern. Theoretisch wäre bei Flächen von mehr als zehn Hektar auch die Selbstständigkeit drin. Aber dann bräuchte man eine eigene Kellerwirtschaft und müsste sich um die Vermarktung kümmern. Da man mit einem funktionierenden Betrieb zusammenarbeitet, bekommt man auch so gutes Geld und hat sein Auskommen. Aber ganz reichte das den jungen Lauffenern doch nicht.

2008 sammelten sich Gleichgesinnte und bekamen für ihre Idee schnell grünes Licht von der Geschäftsleitung. Die knapp zwanzig Männer und zwei junge Frauen wollten die Basis für einen großen Rotwein liefern, der dann im Lauffener Keller nach ihren Vorstellungen ausgebaut werden sollte – von dem ebenfalls jungen Kellermeister Michael Böhm.

Sie wählten spezielle Areale aus, etwa 10 Ar pro Mitglied. Dann wurden eigene Richtlinien erarbeitet, viele Weinbergbegehungen gemacht und mit unterschiedlichen Entblätterungssystemen gearbeitet. Zeitig vor der Ernte wurde kräftig bei den Trauben reduziert. Am Ende stand ein Durchschnittsertrag von knapp 30 Hektoliter/Hektar – extrem wenig.

Im Keller wurde das Ergebnis natürlich separat ausgebaut. Die Genossenschaft hatte dafür extra noch einen Gärbottich für die gewünschte offene Maischegärung angeschafft. Die Jungweine kamen in 20 Barriques, getrennt nach den zahlreichen Sorten wie Schwarzriesling, Lemberger, Dornfelder, Spätburgunder und einige Cabernet-Kreuzungen. Das Ergebnis von 13 kleinen Fässern à 225 Liter wurde schließlich knapp zwei Jahren nach der Ernte für die 2008er Cuvée „Vinitiative" ausgewählt. Entstanden war ein feiner, delikater Rotwein mit viel Substanz, der sofort Lust auf mehr machte und mit seinem Preis (30 Euro) die bisherige Norm der Genossenschaft sprengte. Nach dem starken Start blieb das Team beisammen, kreierte aus dem Jahrgang 2009 einen Nachfolger und stellte ihm noch einen sortenreinen Schwarzriesling (die Spezialität der Lauffener Kooperative) zur Seite.

Ebenfalls hoch hinaus spazierten die jungen Wengerter der Mundelsheimer Weingärtnergenossenschaft. Hier ist der Lemberger die Leitsorte. Einer der Mitglieder, Samuel Fink (26), machte bei renommierten Weingütern seine Ausbildung und schloss als Weinbaumeister ab. Er suchte 2008 Mitstreiter für ein spezielles Lemberger-Projekt und fand acht Kollegen im Alter von 19 bis 26 Jahren, die mitzogen.

Ihr Vorbild war ein schwerer, vom neuen Holz geprägter Rotwein aus dem Ausland, den sie gemeinsam verkostet hatten. Von der Geschäftsleitung wurde die Idee abgesegnet, verbunden mit der Zusage, dass man Barriques für den Ausbau zur Verfügung stellen würde. Flächen wurden ausgewählt und mit dem Rebschnitt im Frühjahr 2009 die Weichen gestellt. Am Ende hatte man von 20 Ar 800 Liter Lemberger gewonnen, was einem Schnitt von 40 Hektoliter/Hektar entspricht. Den Ausbau in vier kleinen Eichenholzfässern nahmen die Mundelsheimer mit ihrem gelernten Weinbaumeister Fink an der Spitze selbst vor. Das Resultat nannte man „Unicum“, ein komplexer, würziger Lemberger, der wohl noch etwas besser mundete als das Vorbild aus dem Ausland und in seinem Preis (29,99 Euro) für Mundelsheim neue Maßstäbe setzte.

Ehrgeizig war das Vorhaben von 14 Nachwuchs-Wengertern der Heuchelberg Weingärtner in Schwaigern. Sie wollten 2010 einen besonderen Trollinger ernten und damit etwas für das Image der immer noch unterschätzten Sorte tun. Vom Rebschnitt bis zur Abfüllung arbeitete das Team um Wortführerin Susanne Reiner (hauptberuflich Industriekauffrau) selbstständig, aber begleitet von den Ratschlägen aus der Geschäftsführung und dem Kellermeister. Im Internet konnte die Entstehung des Weines verfolgt werden.

Das Team Heucherg-Weingärtner kämpft für den Trollinger.

Trollinger kann eine reich tragende Sorte sein, wenn man ihn lässt. Die Schwaigerner Jungwinzer ließen bei ihrer „Vision Heuchelberg“ nichts zu. Am Ende wurden lediglich 35 Hektoliter/Hektar im Schnitt eingebracht. Das Ergebnis war ein mächtiges, ungemein saftiges Trollinger-Konzentrat, das schon bei Proben aus dem Fass im Frühjahr 2011 begeisterte. Nach traditioneller Vergärung auf der Maische lagen die 7000 Liter bis zum Sommer im großen Holzfass, ehe der Wein im September in den Verkauf kam.

Keine bedeutenden, doch sehr wohl gute, überdurchschnittliche Weine werden von einer 15-köpfigen Truppe der Fellbacher Weingärtner angestrebt, die sich als „next generation“ fühlt, inklusive dem Aufsichtsratsvorsitzenden Ralf Bauerle (33), der einer der Älteren in dieser lockeren Vereinigung ist. 2008 startete man mit Riesling. Die 3500 Flaschen waren schnell ausverkauft. Im Jahrgang darauf kam noch eine rote Cuvée aus Lemberger, Spätburgunder, Acolon sowie Cabernet Dorsa dazu, die Auflage wurde auf je 5000 Flaschen gesteigert.

Im Preis blieben die Fellbacher mit 7,20 Euro human. Aber hier wird auch nicht mit allzu radikaler Ertragsbegrenzung gearbeitet. Wohl aber waren 70 Hektoliter/Hektar das absolute Limit. Zum Vergleich: für die Premiumweine der Fellbacher Genossen werden maximal 50 Hektoliter/Hektar geerntet. Beim Ausbau hört der erfahrene Kellermeister Werner Seibold, der „next generation“ längst entwachsen, auf den teilweise studierten Nachwuchs, zu dem auch die vormalige Weinkönigin Württembergs (2008/9) und Deutsche Weinprinzessin Christl Schäfer gehört, die mit Riesling im Boot ist.
Bislang sind die Frauen ansonsten etwas dünn gesät in den vier Gruppen. Aber sie genießen dennoch Ansehen, wie die Aussage von Heiko Höllmüller, einem aus den Reihen der Lauffener „Vinitiative“, verrät: „Unsere Mädels sind für die Kreativität zuständig.“

Genossenschaften sind eine Macht

Rund drei Viertel des württembergischen Weines wird in Genossenschaften abgefüllt. Sie sind eine echte Macht im Ländle und können seit einigen Jahren auf breiter Front durchaus mit den vielen guten Privatbetrieben konkurrieren. „Winzergenossenschaften“ ist für sie kein gebräuchlicher Ausdruck. In Württemberg gibt es fast ausschließlich Weingärtnergenossenschaften. Sollten Politiker mal, was schon vorgekommen ist, bei Veranstaltungen in der Weinszene das falsche Wort benützen, dann werden sie mit Pfiffen und Buhrufen bedient …
Die Weingärtnergenossenschaften haben viel Tradition. Zwar wird die Kooperative in Mayschoss an der Ahr mit ihrem Gründerjahr 1868 als älteste deutsche Vereinigung genannt. Aber in Württemberg gab es schon 1853 in Neckarsulm einen Vorläufer, der wiederum einem 1834 ins Leben gerufenen Weinbauverein entsprang. Die Neckarsulmer, die vor einigen Jahren mit der gro-

Schulmeister Auberlen wr die treibende Kraft für die Gründung eine Weingenossenschaft in Fellbach.

ßen Heilbronner Genossenschaftskellerei fusionierten, konnten nur deshalb nicht in die Annalen als offizielle erste deutsche Kooperative eingehen, weil es zu ihrer Zeit keine genossenschaftliche Dachorganisation gab. Diese entstand erst auf Initiative von Friedrich Wilhelm von Raiffeisen (1818–1888), der 1866 sein richtungweisendes Buch „Die Darlehnskassenvereine als Mittel zur Abhilfe der Noth der ländlichen Bevölkerung" auflegte. Bald darauf wurden die ersten Genossenschaftsgesetze erlassen und die Mayschosser dann 1868 registriert.
Dabei gab es in Württemberg zu jener Zeit noch eine andere Genossenschaft, die im Mayschosser Gründungsjahr den zehnten Geburtstag feiern konnte, nämlich der Betrieb in Fellbach. Ein Schulmeister war hier Initiator. Wilhelm Amadeus Auberlen (1798–1874), Leiter der landwirtschaftlichen Winterabendschule, erinnert sich in einem (fiktiven) Interview an die Zeit, als er die Fellbacher „Wengerter" an die Hand nahm.

Herr Auberlen, wie kam es in Fellbach zum Zusammenschluss?

Schon seit einer Reihe von Jahren wurden an den Winterabenden hiesigen Jünglingen, die sich freiwillig wöchentlich einige Male in der Schule versammelten, Belehrungen erteilt. Im Winter 1857/58 fanden sich unaufgefordert Männer aus dem Weingärtnerstande, verheiratete Bürger, dabei ein. Es wurde viel über den Weinbau gesprochen. Und die Ansichten und Erfahrungen wurden in freier Unterhaltung ausgeführt.

Kam es hier schon zum Gedanken, gemeinsame Sache in der Praxis zu machen?

In der Tat. Man überlegte, dass ein rationelles Verfahren schon bei der Traubenlese und dann hauptsächlich bei der Weinbereitung sich besonders empfehlen würde, wenn man nicht hinter anderen zurückbleiben wollte. So informierte man sich bei einem geachteten Privaten in Stuttgart über das neueste Verfahren und gelangte zur Erkenntnis, dass ein solches nachgeahmt zu werden verdiene. Nach gepflogener Beratung entschloss man sich nicht zu einem separaten Keltergeschäft, sondern für eine genossenschaftliche Behandlung sämtlicher Weinerträge. Es wurden Statuten entworfen, von den Teilnehmern unterschrieben und die Weingärtnergenossenschaft war 1858 gegründet.

Der klassische xxxxxx im traditionellen Holzfass wird früher wie heute mit viel Fingerspitzengefühl praktiziert.

Was war aus ihrer Sicht das Wichtigste bei den Regeln, die man sich gab?
Dass man damals schon Trauben und Weine klassifizierte und damit indirekt auch die Herkunft. Das geschah nach Güteklassen vom Bergwein bis zum Mittelgewächs und dem Niedergewächs. Die der Genossenschaft gemeldete Fläche wurde damals schon vor der Ernte begutachtet und die Pflege der Weingärten sowie die Gesundheit und Reife der Trauben überprüft.

Wer sich mit der Kellerwirtschaft aus jener Zeit befasst, entdeckt allerdings auch noch Dinge, die nicht sehr vorteilhaft waren …
Sie meinen wohl die Tretzüberle, die damals noch üblich waren. Sie waren nicht besonders reinlich. Und durch die mit eisernen Nägeln beschlagenen Stiefelsohlen der tretenden Knaben und Männer wurden die bittersauren Kerne und Kämme verletzt. Das teilte dem Wein gewöhnlich einen bittersauren Geschmack mit. Wir nahmen bald einige Korrekturen vor.

Und wie war das mit der offenen Maischegärung?
Hier mussten wir ebenfalls umstellen und die offenen Zuber mit einem Holzdeckel verschließen, mit Spundloch und Gärrohr, damit das bei der alkoholischen Gärung entstehende, gefährliche Kohlendioxid entweichen konnte, ohne Schaden anzurichten. Vorher war die Maische oft dem Sonnenschein ausgesetzt. Da verflüchtigte sich ein Teil des durch die Gärung entstehenden Alkohols. Die Maische nahm unter Einfluss der Sonnenstrahlen eine gewisse Herbigkeit, unter Umständen sogar Säure an. Die Qualität des Weins verminderte sich, und damit auch der Preis desselben.

Wie war die Qualität der ersten Jahrgänge?
Mit einem großartigen 1857er konnten wir einen guten Start hinlegen. Es gab viel guten, aber nicht mehr ganz so starken Wein beim 1858er. 1859 war dann das dritte ausgezeichnete Weinjahr hintereinander, ehe uns 1860 der Hagel alles zusammenschlug.

Wie waren denn damals die wirtschaftlichen Rahmenbedingungen für die Bevölkerung?

1857 kam es nach Jahren des wirtschaftlichen Aufschwungs zu einer weitreichenden Wirtschaftskrise, die in Amerika durch eine zu reiche Weizenernte ausgelöst wurde. Das Überangebot führte zu Preisstürzen, Firmenzusammenbrüchen und Kursverlusten an der Börse. Wir in Württemberg waren allerdings weniger davon betroffen, weil wir damals noch kein Bestandteil des Deutschen Reiches waren. Wir wurden von 1816 bis 1864 von König Wilhelm I. regiert, der Württemberg 1819 eine eigenständige, für die damalige Zeit liberale Verfassung gegeben hatte. Von 1864 bis 1866 kämpften wir gegen die Preußen, schlossen aber danach Frieden und traten 1871 dem Deutschen Reich bei. Das Leben auf dem Land war damals noch nicht von den Umwälzungen des Industriezeitalters erfasst. Vieles verlief in traditionellen Bahnen.

2008 feierten die Fellbacher Weingärtner ihr 150-jähriges Jubiläum. Der damals aufgelegten Festschrift sowie diversen Aufzeichnungen sind viele der Aussagen des Genossenschaftsgründers Auberlen entnommen.

Ein Polizeipräsident und der Wein

Bei einer Riesling-Verkostung in Neustadt an der Weinstraße: Die Juroren stellen sich gegenseitig vor. Einer verteilt Visitenkarten, auf denen steht „Polizeipräsident, Regierungspräsidium Stuttgart“. Seine Kollegen schauen etwas verdutzt und beginnen zu tuscheln. Einer flüstert dem anderen zu: „Da will uns einer für dumm verkaufen!“. Konrad Jelden bekam es mit und begann zu lachen: „Nein, das ist kein Jux. Ich bin es wirklich.“
Aber wie kommt ein hoher Polizeibeamter in eine Fachjury, die professionell Wein verkostet?
Nun, Konrad Jelden, der von 1995 bis November 2010 tatsächlich oberster Chef der Landespolizeidirektion war und dessen Zuständigkeitsbereich von Wertheim bis Böblingen und von Geislingen bis kurz vor Pforzheim reichte, ist nebenbei nicht nur Weinfan, sondern auch -kenner. Das jedoch verleitete ihn nie dazu, zum allzu ausgiebigen Weingenuss aufzufordern. Er wahrte die notwendige Distanz mit Aussagen wie „Wer trinkt, fährt nicht. Wer fährt, trinkt nicht.“ oder: „Promille verwirrt die Pupille.“ Er selbst war und ist nach ein, zwei Glas Wein „immer ein souveräner Beifahrer“ und vertrat als Polizist die These: „Im Alter bis zu 25 Jahren sollten Null Promille gelten.“
Solche Appelle fielen offenbar auf fruchtbaren Boden. In Jeldens Amtszeit, so hatte es der Mann vom Jahrgang 1945 mal registriert, ging die Zahl der Verkehrsunfälle unter Alkoholeinfluss in seinem Wirkungsbereich deutlich zurück. Er registrierte, dass bei Weinfesten viel über Aromen und Geschmack diskutiert und nicht gedankenlos einfach ein Glas nach dem anderen geleert wird.

Wein zu genießen, begann er bereits im zarten Jugendalter. Als er 14 Jahre alt war, eröffnete ihm der Vater, er dürfe ab sofort Wein trinken. Jelden schmunzelnd: „Das habe ich zwar schon vorher gelegentlich heimlich getan, aber ich nahm es als Rat für mein ganzes Leben.“ Ein paar Jahre später hätte der Vater seine

Erlaubnis vermutlich wieder entzogen. Aber er bekam nicht mit, was passierte. Der junge Konrad feierte mit Freunden und kümmerte sich gerade um ein fesches Mädel, als die Bowle ausging. Die Freunde holten sich ein paar Flaschen aus Papa Jeldens Keller und setzten die Bowle neu an. Es fiel auf, dass sie viel besser als vorher schmeckte. Jelden stellte mit Entsetzen fest, dass sich die Kumpels aus dem Jahrhundert-Jahrgang 1953 bedient hatten. Die leeren Flaschen wurden weiträumig entsorgt. Erzählt wurde die Geschichte erst Jahrzehnte später, als der Diebstahl längst verjährt war.

Der störrische Sauvignon blanc aus dem Remstal

Störrisch können Esel sein, die sich partout nicht vom Fleck bewegen. Die Frage ist: Kann auch Wein störrisch sein? Sehr wohl, das kann er und bringt Winzer immer wieder mal zur Verzweiflung, wenn die Entwicklung im Weinkeller nicht so ist, wie sie geplant war.

Ein gutes Beispiel dafür ist ein Sauvignon blanc aus dem Remstal. Die Sorte kann seit einigen Jahren in Deutschland angebaut werden. Die Württemberger haben offenbar dafür besonders günstige Lagen und die richtigen kleinklimatischen Verhältnisse. Denn es fällt auf, dass bei manchen bundesweiten Verkostungen diese Weine aus dem Schwäbischen Spitzenpositionen einnehmen.

Immer mehr Erzeuger haben besondere Ambitionen mit der Sorte. Sie wollen ihre geschmacklichen Möglichkeiten mit viel Würze und Strahlkraft ausreizen, möchten ihn getreu der internationalen Machart betont herb in die Flasche bringen und wollen zugleich dafür sorgen, dass das Aroma nicht zu „vorlaut" wird. Der Sauvignon blanc neigt zu etwas aufdringlichen Düften nach Holunder und Stachelbeere; die vornehmeren Weine haben einen feinen Hauch Paprika.

Mit dieser Zielsetzung gingen die beiden gut ausgebildeten Jungwinzer Markus Siegloch (Jahrgang 1987) und David Siegloch (Jahrgang 1985), die zu Hause im Weingut Siegloch-Klöpfer in Winnenden schon fleißig den Eltern Peter und Birgit assistieren dürfen, an einen Sauvignon blanc des Jahrgangs 2009 heran, der im Mai von Hagelschlag betroffen war. Die wenigen verbliebenen Trauben blieben lange hängen und wurden in zwei Lesegängen eingebracht. Das Mostgewicht lag deutlich über 100 Grad Öchsle.

Der Most begann langsam zu gären, aber nach zehn Wochen, als er normalerweise eigentlich schon am Ende hätte sein müssen,

tat sich nichts mehr – bei 30 Gramm Restzucker. Damit war man weit vom angestrebten „trocken“ entfernt. Die Frage war: Neuer Gäransatz oder Geduld. Die Brüder, für die Schonung beim Wein wichtig ist, übten sich in Geduld. Nachdem sich bis zum Frühjahr immer noch nichts rührte, kam der Tank aus dem kühlen Keller ins warme Büro der protestierenden Mutter, in der Hoffnung, dass der störrische Sauvignon aus dem Tiefschlaf erwachen würde. Tat er aber nicht. Im Juli, als manche Weine des Jahrgangs schon ausverkauft waren, urteilten die Brüder: das Experiment ist gescheitert, wir schwefeln den Wein und füllen ihn ab, wie er ist.
Doch in dem Moment, als Markus schon die notwendige Schwefelgabe in der Hand hatte, war Bewegung in der Gärröhre zu sehen. Fröhlich blubberte der Sauvignon plötzlich vor sich hin, als sei nichts gewesen. Ende August war er bei 5 Gramm Restzucker und gut 14 Grad Alkohol angelangt und konnte Anfang September gefüllt werden. Aus dem störrischen Most war doch noch guter Wein geworden.

Kabarettreifer Wein

Wenn sich (scheinbare) Weinkenner mit ihrem (scheinbaren) Wissen in der Öffentlichkeit äußern, kann das schon manchmal kabarettreif sein ... Beim professionellen Kabarett im Fernsehen kommt der Wein ganz selten vor. Allenfalls einer wie der Bayer Bruno Jonas, der zum Wein eine innige Beziehung hat und sich auf diesem Feld auch gut auskennt, streut gelegentlich „weinige“ Bemerkungen ein.
Doch in Württemberg muss man nicht mehr auf eine bacchantische Eingebung bei Kabarettisten warten. Zumindest gibt es hier Wein-Kabarett auf der Bühne. Zwei charmante, aber auch sehr direkte Damen feuern hier beim Weinkabarett ihre Munition ab. Dabei bringt die gebürtige Bad Cannstatterin Sabine Schief schon Bühnenerfahrung mit. Bereits als 11-Jährige grün-

Elke Ott (links) und Sabine Schief sind die Damen vom Weinkabarett.

dete die neben der Weinlage Cannstatter Zuckerle groß gewordene eine Theatergruppe. In Stuttgart kennt man sie aus dem Kabarett „i-dipfele“. Dann bittet sie noch einmal im Monat in Untertürkheim zur „Probierbühne“, auf der Überraschungsgäste unter dem Motto „schief gewickelt“ ins Geschehen einbezogen werden. Und dann gibt es eben noch das „Weinkabarett zum Lachen“, bei dem Sabine Schief gemeinsam mit ihrer Freundin Elke Ott aus Winnenden die Lachmuskeln der Besucher strapaziert. Elke Ott macht seit etlichen Jahren Weinberatung, moderiert Weinverkostungen und ist als Weinerlebnisführerin (dafür gibt es in Württemberg eine richtige, professionelle Ausbildung in Weinsberg) aktiv. Auf den Mund gefallen sind sie beide nicht. Aber es gilt stets der Grundsatz, dass das Publikum das Thema „Württemberger Weine“ nicht als Befehl zum Heulen auffassen, sondern herzhaft lachen darf.
Das Programm erarbeiten die beiden nicht ohne einen guten Schluck, auch wenn das nicht immer hilfreich ist, wie das Motto von Sabine und Elke andeutet: „Besoffen war es besser als nüchtern betrachtet.“

Auf der Bühne ist die verwandlungsfähige Stuttgarterin Sabine Schief in ihrem Element.

Der geschmuggelte Zweigelt

Eine Rebsorte sorgte in den letzten zehn Jahren für Furore im Remstal. Mit der aus Österreich importierten Neuzüchtung Zweigelt erzeugen inzwischen einige Weingärtner Rotweine von nationalem oder gar internationalem Format. Dabei hätte es diese Sorte hier fast nicht gegeben, weil früher restriktive Vorschriften für den Anbau von nicht klassifizierten Reben galten.
Aber es gab da einen kecken Weingärtner namens Jürgen Ellwanger aus Winterbach, der die Sorte bei einem österreichischen Studenten an der Universität Hochheim kennengelernt hatte und sie nun in der Heimat mal ausprobieren wollte. Der Wein gefiel ihm mit seiner Kraft, der Frucht und seinen weichen Gerbstoffen. Es war bekannt, dass er früher reifte und eine gute Frostfestigkeit hatte. Im Remstal waren Anfang der Achtzigerjahre Trollinger und Portugieser dominierend – keine unbedingt gute Basis, wenn einer Ehrgeiz hatte und bemerkenswerte Rotweine erzeugen wollte. Man begann sich am (zulässigen) Lemberger zu versuchen. Jürgen Ellwanger wusste aber nicht, ob er zu Klima und Boden passen würde.
Den offiziellen Weg für eine Versuchsgenehmigung in Sachen Zweigelt wollte Ellwanger, ein Feind der Weinbürokratie, zunächst nicht einschlagen. Damals, vor 30 Jahren, war es zwar kein Problem, deutsche Neuzüchtungen zu setzen, aber eine Sorte aus Österreich – undenkbar. So etwas war nur in grauer Vorzeit möglich, etwa 1659, als in Castell in Franken Silvaner-Reben gepflanzt wurden, die lange Zeit „Österreicher" hießen.

Später war es vorbei mit solchen Importen. Deshalb schmuggelte der Winterbacher die ersten Stöcke (die später vermehrt wurden) im Kofferraum seines Autos über die Grenze. Zur „Tarnung" hatte er sich Skier auf das Wagendach geschnallt, sodass es aussah, als würde er vom Urlaub nach Hause fahren.
„Rechtswidrig war das damals", schmunzelt der Junior und jetzige Betriebsleiter Jörg Ellwanger im Rückblick. Die ersten

Jahre gab man nicht an, was da in den Rebzeilen stand. Glück für die Ellwangers war es allerdings, dass ungefähr zur gleichen Zeit die Remstalkellerei einen genehmigten Sortenversuch mit Zweigelt startete. So war eine spätere, durchaus denkbare Aushack-Verordnung für den Zweigelt in Winterbach praktisch vom Tisch.

Heute hat fast jeder selbstständige Weingärtner im Remstal Zweigelt im Sortiment. Auch in den Genossenschaften ist die Sorte beliebt. 55 Hektar sind es insgesamt im Ländle. Besonders geeignet ist sie, bei maßvollen Erträgen, für den Ausbau in Barriques.

Ihren Namen hat die Sorte vom österreichischen Züchter Friedrich Zweigelt, der sie 1922 aus St. Laurent und Blaufränkisch (Lemberger) kreuzte. Zweigelt war damals schon illegales Mitglied der NSDAP und machte aus seiner Begeisterung für den Nationalsozialismus kein Geheimnis. Das sollte ihm nach dem Anschluss 1938 den Aufstieg zum Chef der Lehranstalt für Wein- und Obstbau in Klosterneuburg einbringen. Seine Zielsetzung bei der Kreuzung war es, einen dunkleren Wein zu gewinnen, der von „nicht-arischen“ Sorten unabhängig war. Denn damals waren die österreichischen Rotweine recht hell und bekamen oft etwas Farbkosmetik durch tiefdunkle Rote aus Italien.

Von Weinsberg in die Welt

Die umständliche Bezeichnung „Staatliche Lehr- und Versuchsanstalt für Wein- und Obstbau“ reduziert sich bei vielen Branchenexperten auf den Standtort dieser Institution, nämlich Weinsberg. Das ist eine international anerkannte Ausbildungsstätte für Winzer, die in Deutschland nur eine Konkurrenz kennt, die etwas anders konstruierte Weinuniversität (Campus) Geisenheim in Hessen.
Wie gut in Weinsberg die Kenntnisse in Weinbau und Kellerwirtschaft vermittelt werden, wird deutlich, wenn man die eigenen Leistungen des dazugehörigen Staatsweingutes betrachtet. Man bewirtschaftet 40 Hektar und hat sich dank der Fähigkeiten des Önologen Dr. Dieter Blankenhorn und des Kellermeisters Gerhard Wächter sowie der behutsamen Führung von Dr. Günter Bäder in die württembergische Spitze hoch gearbeitet.

Begonnen hatte alles 1868, als die heute älteste Weinbauschule Deutschlands auf Initiative des Kameralverwalters Imanuel Dornfeld (dem man später mit der Züchtung Dornfelder ein vinologisches Denkmal setzte) als „Königlich Württembergische Weinbauschule“ gegründet wurde. Die Zielsetzung war es, „junge Männer, vornehmlich aus dem Stand der Weingärtner, zu einer besseren Bewirtschaftung ihres eigenen Grundbesitzes auszubilden“.
Neben der Ausbildung, zu der heute selbstverständlich auch Frauen zugelassen sind, gehört nach wie vor das Züchten zu den Aufgaben des Weinsberger Staatsweingutes. Das brachte in letzten Zeit neue Sorten wie Acolon (Lemberger x Dornfelder), Cabernet Dorio (Dornfelder x Cabernet Sauvignon) und Cabernet Mitos (Lemberger x Cabernet Sauvignon) hervor. Diese farbkräftigen Kreuzungen werden selten solo ausgebaut, sondern finden oft Verwendung in Cuvées. Außerdem werden seit 2009 Weinerlebnisführer geschult, die Touristen das Ländle und seine Besonderheiten erläutern sollen.

So mancher Weinsberger Absolvent kam aus dem fernen Ausland. Nach der intensiven Ausbildung nimmt er unweigerlich etwas in die Heimat mit, das späteren Besuchern eindeutig verrät, wo er ein Weilchen gelebt hat: die schwäbische Sprache.
Ein solcher Absolvent ist der Thailänder Prayut Pianghunta. Thailand ist, nur wenige wissen es, seit gut zwei Jahrzehnten auch ein Weinland. Zwar sind die Rahmenbedingungen durch das tropische Klima mit seiner hohen Luftfeuchtigkeit schwierig, aber einige Betriebe kommen inzwischen gut damit zurecht. Sie müssen vor allem darauf achten, dass die Rebstöcke nicht zu sehr strapaziert werden, weil sie theoretisch durch den fehlenden Winter zweimal im Jahr tragen könnten. Einer der Männer, der das im Griff hat, ist der gelernte Braumeister Prayut Pianghunta, der

Die „Macher" vom Weinsberg (von links): Dr. Dieter Blankenhorn (Önologe), Gerhard Wächter (Kellermeister) und Direktor Dr. Günter Bäder.

ursprünglich bei der bedeutenden Singha-Brauerei beschäftigt war, bis sich deren damaliger Hauptaktionär Piya Bhirombhakdi entschloss, ein Weingut aufzubauen.

Prayut gehörte nicht zu den Männern der ersten Stunde. Aber als die Basis geschaffen war, suchte man jemand in der Brauerei, der den Betrieb längerfristig voranbringen konnte. Die Wahl fiel auf den fleißigen Prayut, dem man ein Stipendium besorgte, damit er zweieinhalb Jahre lang in Weinsberg die Schulbank drücken konnte. Von 1996 bis 1998 lebte und lernte er in Württemberg und passte offensichtlich gut auf. Mit Weinen wie Tempranillo und Shiraz aus der inzwischen 80 Hektar umfassenden PB-Khao Yai Winery hat er schon einige Medaillen bei Wettbewerben in Europa gewonnen.
Das Weingut liegt rund 150 Kilometer nordöstlich von Bangkok. Gelegentlich empfängt der Chef-Weinmacher Gäste aus Deutschland, die er dann mit den Worten „Grüß Gottle, wo kommet's her?“ in Empfang nimmt.

Ein ähnliches Erlebnis kann man in Moldau (Moldawien) haben. Der einstige Teilstaat der Sowjetunion, der 1991 unabhängig wurde, ist ein traditionsreiches Weinland mit einer fast 5000 Jahre alten Geschichte. Berühmt ist der pompöse Keller des Staatsweingutes Cricova in der Hauptstadt Chisinau, im dem Restbestände einer Weinsammlung von Hermann Göring liegen, die 1945 von russischen Truppen konfisziert worden waren.
Zu den herausragenden Weinherstellern gehört das Château Vartely in Orhei rund 60 Kilometer nordöstlich von der Landeshauptstadt. Die erst 2008 endgültig fertiggestellte Kellerei, zu der auch ein kleines Hotel mit Restaurant gehört, wurde von einer Holding ins Leben gerufen, die sich einen gut ausgebildeten Kellermeister leistete. Der war von 1997 bis 2001 in Weinsberg und hatte dort seine Ausbildung zum Weinbautechniker absolviert. Das befähigt ihn heute, die wohl besten Weine von Moldau zu erzeugen.

Arcadie Fosnea geht gekonnt mit klassischen roten Sorten wie Pinot Noir, Merlot und Cabernet Sauvignon um und beeindruckt bei den Weißweinen besonders mit Feteasca Alba, Sauvignon blanc und Chardonnay. Wenn er Weine einschenkt, fallen Worte wie „Fläschle", „schaffe", „Häusle baue" und Erklärungen wie zum Eiswein vom Muskat Ottonel: „Der isch von gefrorene Träuble."

Enge Verbindungen hat auch Weinsberg nach Südafrika. Einige Topwinzer oder Kellermeister haben das, was sie in Württemberg lernten, zu Hause sehr gut umgesetzt. Weinsberg war deshalb ein begehrter Bildungsort, weil die Lehranstalt früher gewissermaßen indirekte Entwicklungshilfe betrieb. Zwei in Weinsberg ausgebildete Schwaben waren lange Zeit wichtige Männer im Weinbau am Kap: Willi Hacker, etliche Jahre lang verantwortlich beim Großunternehmen KWV und der Weinsberg-Absolvent Günter Brözel, der lange Zeit für die Qualität der Weine von Nederburg verantwortlich war. Obwohl die Weine nicht unbedingt bedeutend waren, nannte man ihn „Great Brözel" und gab ihm den Titel „Bester Kellermeister am Kap".
Wenn man Ernst Gouws aus der Region Stellenbosch in Deutschland trifft (was zum Beispiel auf Fachmessen wie der Prowein in Düsseldorf passieren kann) und mit ihm über Pinotage, Shiraz und Sauvignon blanc plaudern will, kommt die Vermutung auf, hier habe man es mit einem waschechten Schwaben zu tun, so viele „le" tauchen in seinem gemütlichen Tonfall auf. Aber Gouws ist württembergischer Auswanderer. Vor rund 30 Jahren kam er, ohne einen Brocken Deutsch zu sprechen, nach Weinsberg, lernte hier die Landessprache … und wie man guten Wein macht. Es folgten noch Aufenthalte in der Champagne und in Bordeaux, ehe er rund 40 Kilometer von Kapstadt entfernt das Familienweingut übernahm und heute von hier aus in etliche Länder exportiert – übrigens auch nach Deutschland.

Schwäbisch genießen

Kennen Sie die schwäbische Weinschorle? Am Sonntag Lemberger oder Trollinger trinken, am Montag das Wasser!
Allerdings trinken die Schwaben nicht nur guten Rot- oder Weißwein. Sie können damit auch diverse Naschereien veredeln. In vielen Marmeladen und Gelees ist Wein verarbeitet, ebenso im Senf, in Nudeln sowie im Balsam-Essig. Selbst Reste werden gekonnt verwertet. So bieten die Lauffener Weingärtner „Katzenbeißer-Kaffee“ an, in dem zermahlene Weintraubenkerne für einen sehr eigen, aber feinen Kaffeegeschmack sorgen. Zudem enthalten die Kerne den Stoff OPC, der zum Abbau der freien Radikalen im menschlichen Organismus beiträgt. Außerdem gibt es in der Bio-Dorfkäserei Geifershofen im Landkreis

Gebrauchte Barrique-Fässer – auch geeignet für die Herstellung spezieller Stollen.

Schwäbisch Hall Trollinger-Käse. Der Wein, in dem der feste, würzige Schnittkäse einige Tage „badet“, stammt von einem Öko-Wengerter aus Heilbronn. Am besten harmoniert der Käse nicht mit Trollinger, sondern mit einem kräftigen, leicht schmelzigen Weißwein.

Ebenfalls Trollinger steckt in einer ungewöhnlichen Räucherwurst, die folgerichtig Trollinger-Zipfel genannt wird. Zu finden ist sie auf dem Dorf, in Sülzbach bei Obersulm östlich von Heilbronn, in der Metzgerei Thier. Gerhard und Vera Thier, die den Familienbetrieb in der vierten Generation führen, verwenden dafür mageres Schweinefleisch, Rindfleisch und eine selbst hergestellte Gewürzmischung. Bevor die Mischung in den Naturdarm gefüllt wird, kommt Trollinger dazu. Die Thiers haben die Erfahrung gemacht, dass ein zwei- bis dreijähriger Wein am besten geeignet ist.
Der Wein spielt außerdem eine Rolle in der für die Pfanne vorgesehenen Altenberger Lange; diese Wurst enthält ebenfalls 10 Prozent Trollinger – und viel Paprika. Hier ist Trollinger ein guter „Lösch-Begleiter“.

In Stuttgart gibt es außerdem Rotweinstollen. Das ist ein Produkt der Spezialitätenbäckerei Hafendörfer, die Rosinen, Mandeln und Nüsse in Lemberger gehobener Qualität (zwei Sterne) aus der Lage Cannstatter Zuckerle einige Tage tränkt und dann reichlich in den Teig einarbeitet. „Die einzige Flüssigkeit, die an den Stollen kommt, ist der Wein“, erklärt Falk Hafendörfer. Auf Zitrusfrüchte verzichtet er, weil diese bei Tests im Geschmack störten.

Damit sich der Wein in den Zutaten voll entfaltet, muss der Stollen reifen. Das tut er gut drei Wochen lang, aber nicht irgendwo in der Bäckerei, sondern in nicht mehr gebrauchten und etwas umfunktionierten Barrique-Fässern der Cannstatter Wengerter, deren Keller auch exakt die passende Luftfeuchtigkeit und Kühle für den Reifeprozess des Stollens hat.
Entstanden ist die Idee durch einen Disput zwischen Bäcker und Kellermeister. Thomas Zerweck, seit 2003 der verantwortliche Önologe in Bad Cannstatts aufstrebender Kooperative, schwärmte bei einer Verkostung im Beisein von Falk Hafendörfer, dass es nichts Besseres als einen guten Rotwein gibt. Der Bäckermeister konterte: „Doch, ein gescheiter Stollen." „Kann nicht sein, es geht nichts über einen gehaltvollen Rotwein im Herbst", gab Zerweck zurück.
Hafendörfer nahm die Herausforderung an und machte sich ans Werk. Als er Zerweck probieren ließ und dieser erfuhr, dass reichlich Rotwein den Stollen zur Besonderheit werden ließ, kamen die beiden auf den Gedanken, dass auch die Fässer noch einen Beitrag leisten können.

Rotweinstollen von Hafendörfer – köstlich!

Ein Fehlschuss mit großer Wirkung

Er ist von altem Adel, seine Familie hatte einst viel Einfluss und war für den Weinort Schwaigern immer ein wichtiger, wohltuender Faktor. Josef Hubert Graf von Neipperg, geboren am 22. Juli 1918, war auch lange Zeit Winzer, brachte das gräfliche Weingut voran und sorgte im Zusammenhang mit einer Flurbereinigung durch die Einführung der Terrassierung dafür, dass die Erosion in steilen Lagen aufhörte.
Er leistete sich Anfang der Siebzigerjahre sogar den Kauf eines Châteaux in St. Emilion (Bordeaux), weil ihn sein alter Freund Raban Graf Adelmann aus Steinheim-Kleinbottwar dazu überredete. Neipperg wollte zunächst, ganz sparsamer Schwabe, sein Geld zusammenhalten und entschied sich erst zum Kauf, als er die Preise für die Bordelaiser Weine mit seinen eigenen Preisen verglich. Dann schrieb er das kürzeste Telegramm seines Lebens an den Verkäufer: „Ja! Neipperg". Damit war er Besitzer von Canon-la-Gaffelière, ein seinerzeit maroder Betrieb, den Neippergs jüngerer Sohn Stephan, der ab 1984 übernahm, in die Bordelaiser „Bundesliga" aufsteigen ließ.
Stephan von Neipperg sorgte später auch für Furore mit dem kleinen Weingut La Mondotte, ebenfalls in St. Emilion. Der 4,5-Hektar-Betrieb war 1971 mit im Kaufpaket, die Weine wurden bei Canon-la-Gaffelière mit ausgebaut. Seine Wertigkeit erkannten aber zunächst weder der Senior noch der Sohn, der schon mit dem Gedanken spielte, die Fläche einfach dem anderen Haus einzuverleiben. Er verzichtete darauf, weil damit der Grand-Cru-Classé-Status von La Mondotte verloren gegangen wäre.

Der große Ruf des La Mondotte ist, genau betrachtet, letztlich nur einem Zufall zu verdanken … oder einem Fehlschuss bei einem Jagdausflug. Bei diesem Trip in die Natur verpasste der damalige Witwer Josef Hubert von Neipperg einer charmanten Frau eine Schrotkugel. Es sollte ein Treffer für's Leben sein. Zunächst bekam Therese ein regelmäßiges Weindeputat als Ent-

schuldigung, schließlich wurde geheiratet. Gelegentlich scherzt Graf Josef Hubert: „Das mit dem Wein wurde mir auf Dauer zu teuer.“
Sie, Therese Gräfin von Neipperg, war es, die die außerordentliche Qualität der Trauben bemerkte. Sie naschte in den neunziger Jahren von den Lamondotte-Trauben und stellte fest, dass diese besonders fruchtig waren.
So brachte sie Stephan auf die Idee, etwas Eigenständiges zu machen. Ihr Schwiegersohn schaffte es, einen raren Kultwein zu machen, der im Preis deutlich über Canon-la-Gaffelière liegt. Weinkritiker Robert M. Parker ernannte La Mondotte zum „Luxus-Mikroweingut“. Seitdem träumt Stephans Bruder Karl Eugen Erbgraf zu Neipperg von dreistelligen Preisen für seinen Lemberger, Spätburgunder und Merlot …

Ein teurer Bordelaiser Kultwein, der seine Entstehung einem württembergischen Jagdunfall zu verdanken hat.

Der Poet und der unpoetische Wein

Was fällt ihnen bei der Nennung des Namens Schiller ein? Vielleicht ein Nachbar im gleichen Haus, der zufällig so heißt? Oder ein alter Schulkamerad, mit dem sie Goethe auswendig lernten? Oder doch der berühmte Schöpfer von Dramen wie „Die Räuber“ und „Wilhelm Tell“. Jener Schiller, mit Vornamen Friedrich, wurde in Marbach am Neckar geboren, am 10. November 1759. 2009, im Jahr des 250. Geburtstages, hatte es auch den Anschein, als sei Friedrich Schiller Geburtshelfer eines speziellen Tropfens gewesen, den es nur in Württemberg gibt: den hellroten „Schillerwein“. Es gab einige Füllungen, deren Etikett ein Bild des Poeten zierte. Die Marbacher Weingärtnergenossenschaft ließ sogar eine Spätlese füllen und nannte ihren Wein „Dichterfürst“.

Tatsächlich aber hat Friedrich Schiller nichts mit dem Schillerwein zu tun. Die Bezeichnung leitet sich ab von der schillernden Farbe des Weines (früher sprach man von „schierlend“). Sie steht für einen hellroten Wein, der manchmal auch goldgelbe Schattierungen aufweist und zur Kategorie „Rotling“ gehört. Diese steht für eine Mischung aus Weiß- und Rotwein. Vorgeschrieben ist die gemeinsame Verarbeitung der Trauben, die aus dem gleichen Weinberg kommen sollen. Welche Sorten es sein müssen, ist ebenso wenig fixiert wie das Mischungsverhältnis. Eine klassische Kombination ist Trollinger mit Riesling. In Cleebronn, der „Schillergemeinde Württembergs“ (mit einem Absatzanteil in der dortigen Weingärtnergenossenschaft von rund 20 Prozent) wird das Zusammenspiel von Schwarzriesling mit Riesling, Müller-Thurgau und Silvaner sowie gelegentlich Portugieser geschätzt.

Der Schillerwein hat Tradition. Früher gab es in den Weinbergen zwecks Risikominderung den sog. Mischsatz. Wenn einige Sorten noch nicht ganz ausgereift waren, sorgten die anderen, früher reifenden Trauben noch für eine passable Qualität. Und wenn es von einer Sorte wenig Wein gab, konnte die andere den Verlust möglicherweise durch mehr Träuble ausgleichen. Das Zusammenspiel unterschiedlicher Sorten sorgte außerdem oft noch für eine größere Aromenvielfalt. Und die eventuell etwas aggressive Säure einer Varietät wurde durch den milden Saft des Partners auf ein verträgliches Maß reduziert.

Der Schillerwein ist sogar älter als Friedrich Schiller, man kannte ihn bereits vor gut 300 Jahren. Welche Sorten einst hauptsächlich Verwendung fanden, ist in einem Buch über „Die Traubensorten Württembergs" aus dem Jahr 1860 festgehalten: „In der Regel der weiße Silvaner, der Gutedel, der Roturban, der Trollinger, der Schwarzurban, der Affenthaler, der blaue Scheuchner." Die Urban-Reben sind aus den Weinbergen verschwunden, Gutedel hat sich ins Markgräflerland zurückgezogen. Und Affenthaler war die Bezeichnung für einen säuerlichen Verwandten des Trollinger. Zwei der Partner von damals sind den württembergischen Weingärtnern geblieben.

Friedrich Schiller auf dem Etikett, obwohl der Dichterfürst mit dem Wein gar nichts zu tun hat.

Der Schillerwein aus jener Zeit fand sogar bei kundigen Genießern aus dem Ausland Anerkennung. So notierte der Schweizer Historiker Jacob Burckhardt anno 1875: „Zuletzt langten noch vor ein paar Tagen vom Stuttgarter Verleger 50 Flaschen Remstaler an, aus seinem eigenen Weinberg, ein Schiller, der beim ersten Schluck wenig verspricht, dann aber köstlich schmeckt, ziemlich stark ist und im Glas einen köstlichen Blumenduft erkennen lässt."

Diese Art Wein war früher ein Verkaufserfolg. Vor 80 Jahren soll der Absatzanteil in Württemberg sogar bei 50 Prozent gelegen haben. Theodor Heuss erwähnte ihn 1936 in einem Essay als „ziemlich brav", lobte aber zugleich seine „saubere, gelegentlich säuerliche Frische" und bezeichnete ihn als „schwäbisches Brauchtum".

In jüngerer Zeit wurde das Brauchtum vielfach verschmäht. Weißherbst nur von roten Trauben erfreute sich größerer Beliebtheit. Auch gegen die Mode der Blanc de Noirs tut sich der althergebrachte Mischwein schwer. Aber es gibt einen zarten Trend für ein Schillerwein-Comeback. Inzwischen wagen sich nicht mehr nur Weingärtnergenossenschaften an diesen Rotling, sondern ebenso selbstständige Privatwinzer, die hin und wieder sogar extravaganten Schillerwein mit viel Körper und Ausbau in Barriques erzeugen – eine interessante Variante.

Sie hätte möglicherweise auch dem Dichterfürst gemundet, denn der war keineswegs so abstinent, wie meist angenommen wird. Er konnte zwar dem Vergleich mit seinem Kollegen Johann Wolfgang von Goethe nicht standhalten (dieser soll täglich mindestens zwei Liter Wein gebechert haben). Aber Bezug zum Wein war vorhanden. Das geht nicht nur aus einem bekannten Vers hervor: „Der Name Wirtemberg, schreibt sich vom Wirt am Berg. Ein Wirtemberger ohne Wein, kann der ein Wirtemberger sein?"

Seine Familiengeschichte weist ebenfalls „Weinwurzeln“ auf. Der Vater Johann Caspar Schiller (1723–1796) machte als Soldat Karriere und war Hauptmann im Dienste des Herzogs von Württemberg. Dieser übertrug ihm die Leitung der Hofgärten und Baumschulen. Zu seiner Arbeit gehörte außerdem die Beschäftigung mit landwirtschaftlichen Problemen. Daraus entstand 1767 unter anderem die Schrift „Vom Weinbau“, deren Entstehen für Johann Caspar deshalb wichtig war, „weil ich lieber Wein statt Wasser trinke“.

Er färbte auf seinen Sohn durchaus ab. Friedrich wies in manchen literarischen Werken auf die positiven Eigenschaften des Weines hin. Als Medizinstudent in Stuttgart schrieb er über „die wundertätigen Wirkungen des Weines, bei denen, die ihn mit Mäßigkeit trinken.“ Im Gedicht „Das Siegesfest“ wird sogar die Unterstützung des Weines bei großem Kummer festgehalten: „Trink ihn aus, den Trank der Labe und vergiss den großen Schmerz. Wundervoll ist Bacchus’ Gabe, Balsam fürs zerrissene Herz.“

Guten Wein konnte sich Schiller allerdings erst leisten, als er Erfolg (und Einnahmen) hatte. Ein Erfurter Händler war sein wichtigster Lieferant und schickte ihm meist schwere süße Weine. Schiller stand nicht in Treue fest zu den Gewächsen vom Neckar. Am 30. Juni 1804, knapp ein Jahr vor seinem frühen Tod im Jahr 1805 mit nur 45 Jahren, wurde sein Weinvorrat festgehalten: „61 Bouteillen Malaga, 35 Bourgogner, 22 Champagner, 10 Weißer Portwein, 2 Leistenwein (vermutlich aus Würzburg), 17 Ruster, 6 Ödenburger, 34 Frankenwein, 4/2 Falerner, 5 Rum, 4 Muskaten.“

Vielleicht war das trotz seines Wissens um die positiven gesundheitlichen Wirkungen des Weines einfach zu wenig. Goethe (1749–1832), der dem Wein wesentlich mehr zusprach, wurde 82 Jahre alt.

Blaulicht

Fellbach, der unmittelbare Nachbarstadt von Stuttgart und Weinstadt par exellence mit einigen Topbetrieben und einer leistungsfähigen, ambitionierten Genossenschaft, hat in Christoph Palm seit November 2000 einen Oberbürgermeister, der zu seinen Wengertern passt: geradlinig im Amt, aber auch humorvoll und unterhaltsam.
Bei der 63. Großen Weinprobe der Fellbacher Weingärtner im Oktober 2010, die dem Fellbacher Herbst, einer fröhlichen mehrtägigen Veranstaltung, vorauseilte, ergriff er vor 1100 Gästen das Schlusswort und warnte dabei: „Ich hoffe, niemand ergeht es so wie dem Mann, den ich gerade vor der Schwabenlandhalle getroffen habe. Er war nicht mehr sicher auf den Beinen und spürte offenbar den Wein. An einer Reihe geparkter Autos hangelte er sich entlang, ertastet jeweils das Autodach und murmelte ‚Ich finde dich schon.‘
‚Das ist doch völlig unmöglich, dass sie auf diese Art und Weise ihr Auto finden. Die sind doch am Dach alle irgendwie gleich‘, sprach ich ihn an. ‚Stimmt nicht‘, meinte der Suchende, ‚auf meinem Auto ist ein Blaulicht‘.“

Dem Wein heftig zugetan

Auch für einen anderen Weinfreund aus dem Raum Heilbronn war es eines Tages aus und vorbei. Zeit seines Lebens hatte er als Wengerter im Weinberg gearbeitet, war immer mit Freude dabei, egal wie das Wetter war. Und mittags und abends belohnte er sich mit Trollinger und Schwarzriesling, manchmal auch mit einem Schillerwein. Gelegentlich schaute er zu tief ins Glas, sodass er den Sonntag meist zur Erholung brauchte.
Als es zur Trauerfeier im kleinen, aber voll besetzten Kirchensaal kam, wo der Verstorbene aufgebahrt war, wurde der Pfarrer zunächst etwas kritisch: „Seit ich in dieser Gemeinde Pfarrer

bin, habe ich unseren Freund nie in der Kirche gesehen, immer nur im Goldenen Ochsen oder im Lamm. Und stets vor einem Glas Wein. Meinen Messwein hat er verschmäht, obwohl ich immer einen wunderbaren Heilbronner Riesling entkorkte. Nicht einmal zur Beichte war er bei mir. Erst auf dem Sterbebett konnte ich ihn von seinen wenigen Sünden freisprechen."
Da stand einer aus dem Freundeskreis auf und verkündete der Trauergemeinde: „Der wäre auch jetzt noch nicht hier, wenn ihn nicht sechs Leute reingeschleppt hätten."

Blasen

Selbst wenn die Geschichte nur erfunden wäre und der Unterhaltung diente, sie könnte sich in Württemberg so zugetragen haben:
Ein Bäcker und ein Verkehrspolizist kannten sich durch ihre Mitgliedschaft in einem Schützenverein und waren Freunde geworden.
Eines Tages ergab es sich, dass sie in einer Polizeikontrolle aufeinandertrafen. Der Bäcker am Steuer seines Autos war sichtlich nervös, als er seinen Schützenfreund erblickte und ihn fragen hörte: „Hast etwas getrunken?"
„Geh frag doch nicht solche Sachen, wir waren gestern noch so gemütlich beisammen gesessen."
„Ich muss dich das fragen, meine Kollegen schauen schon. Außerdem, lenk nicht ab."
„Geh, mir sind doch Freunde, das kannst Du …"
„Wenn du weiter versuchst, mir auszuweichen, dann blas ich für dich."
„Tolle Idee, du bist doch ein echter Freund."
„Vielleicht nicht, denn dann bist du garantiert deinen Lappen los."

„Die Schwaben saufen ihren Wein selbst“

Bundespräsident Christian Wulff bekundete schon vor Amtsantritt, dass er am liebsten Bananenmilch trinkt. Da möchte man doch verzweifeln und die Frage stellen, ob er für ein so hohes Amt auch wirklich qualifiziert ist und sich nicht jeder ranghohe Staatsdiener am ersten Präsidenten der Bundesrepublik Deutschland orientieren sollte. Theodor Heuss (1884–1963), Bundespräsident von 1949–1959, hatte Zeit seines Lebens eine enge Beziehung zum Wein, und zwar zu dem seiner Heimat.
Der gebürtige Brackenheimer, dem man 2009 anlässlich seines 125. Geburtstags in seiner Heimatstadt ein Denkmal gesetzt hat, schätzte vor allem den Lemberger, den er in Bonn salonfähig machte. Auch dem Trollinger attestierte er „enthaltene Kraft und fülligen Geschmack“. Seine präzise Trinkanleitung für beide Sorten und für andere gute Weine lautete: „Wer Wein säuft, sündigt. Wer Wein trinkt, betet. Lasset uns beten!“
Heuss befasste sich bereits als junger Mann mit dem Rebensaft und denen, die ihn erzeugten. Seine 1905 abgeschlossene Doktorarbeit trägt den Titel „Weinbau und Weingärtnerstand in Heilbronn am Neckar“. Dafür hatte er gründlich recherchiert, vor allem viele Gespräche mit Wengertern geführt, deren oft schwierige wirtschaftliche Lage analysiert und sogar bei der Arbeit in den Reben mitgewirkt. „Im Frühjahr habe ich geholfen, einen Weinberg draußen zu beschneiden – er hat’s ausgehalten“, erinnerte er sich später. Respekt gegenüber dem Wein und seinen Produzenten hatte er schon als Knabe. Er plünderte zwar gern von Bäumen und Sträuchern, hielt sich aber bei den Reben zurück, „weil fleißige und oft arme Familien daraus ihre Nahrung zogen“.
Die Dissertation wurde im Lauf der Jahrzehnte mehrfach neu aufgelegt, zuletzt 2005. Der damalige Bundespräsident Horst Köhler schrieb in einem Vorwort: „Wer sich in seiner Jugend wissenschaftlich mit alkoholischen Getränken befasst, kann es in Deutschland bis in die höchsten Staatsämter bringen.“ Mit Bananenmilch funktioniert das allerdings ebenfalls, wie wir heute wissen.

Theodor Heuss in Brackenheim: Seine Heimatstadt hat ihm ein Denkmal gesetzt.

Heuss hatte dem Wein, genau betrachtet, vielleicht sogar zu verdanken, dass er immerhin 79 Jahre alt wurde. Bei seiner Abiturfeier kugelte er sich, nicht mehr ganz sicher auf den Beinen, bei einem Sturz die Schulter aus – was ihm einige Jahre später die Teilnahme am Ersten Weltkrieg ersparte, der bekanntlich Millionen Menschen das Leben kostete.
Ein Sturzerlebnis gab es auch in den Fünfzigerjahren. Als Theodor Heuss einmal von einem guten Freund gefragt wurde, warum er denn humple, meinte er ehrlich: „Offiziell heißt es, ich habe eine Infektion am Bein. Aber in Wirklichkeit war es wohl zuviel Lemberger."
Einmal verriet er auch ein Geheimnis, wie seine guten Reden zustande kamen, die die Politiker seinerzeit noch selbst schrieben. Als sich ein anderer guter Freund begeistert von einer Ansprache zeigte und fragte, wie lange er daran gearbeitet habe, meinte Heuss schmunzelnd: „Ungefähr drei Schoppen Lemberger lang."
Dass er bevorzugt Wein aus Württemberg trank und bei offiziellen Anlässen ausschenken ließ, nahmen ihm Winzer aus anderen Gebieten schon mal übel. Als ihm einmal vorgehalten wurde, es gebe noch andere Weine in Deutschland, antwortete er: „Was wollt ihr denn? Mosel-, Rhein- und Nahewein kriegen die Kerle überall. Aber einen württembergischen Wein kriegen sie nicht, weil die Schwaben ihren Wein selber wegsaufen."
Manchmal kam er bei seinen Touren anderen Weinen nicht aus und zeigte sich hier nicht als Kostverächter. In Lörrach wurde ihm als Gast bei einem Festzug ein Pokal mit einem Liter badischen Wein gereicht – Heuss leerte den Pokal bis zum letzten Tropfen, was er hinterher als „Lausbuberei" bezeichnete.
Die Brackenheimer schätzen den einstigen Werbeträger für ihren Wein noch heute. Im Ort gibt es ihm zu seinen Ehren ein Museum mit drei Ausstellungs-Etagen. Zum Thema „Heuss und der Wein" werden literarische Führungen organisiert. Und in der neuen „Weinwelt" der Weingärtnergenossenschaft befindet sich ein „Theodor Heuss-Fass", in dem Lemberger aus dem Zweifelberg ausgebaut wird.

Justinus Kerner: Säufer und Rebenpate

Er moderierte zwar viele Kochsendungen im Fernsehen, in denen Wein vorkommt, aber eine Rebsorte kann nach Johannes B. Kerner nicht mehr benannt werden. Dafür hat schon ein anderer Kerner gesorgt, der sich ebenfalls – und noch mehr – um den Wein verdient gemacht hatte, allerdings vornehmlich als Konsument. Justinus Kerner (1786–1862), Arzt und Poet der schwäbischen Romantik sowie Mitglied der „schwäbischen Dichterschule“, soll in seinem Leben einen Rekord für die Ewigkeit aufgestellt haben. Angeblich trank er bis zu seinem Tod 21 000 Liter Wein.

Wenn wir davon ausgehen, dass er in der Jugend noch abstinent lebte, macht das bei geschätzten 55 Trinkjahren pro Jahr über 380 Liter aus. An manchen Tagen sollen es zwei bis zweieinhalb Liter gewesen sein. Kein Wunder, dass von dem Weinsberger das Wanderlied „Wohlauf! Noch getrunken den funkelnden Wein“ stammt. Vielleicht hat er es gesungen, als er eines Tages in Heilbronn wegen nächtlicher Ruhestörung mit einem „Saufgulden“ bestraft wurde.

Andere Leute mahnte er zur Mäßigkeit: „Übermaß ist in allen Dingen, und besonders im Genusse der Weine, sie mögen unter die kalten oder die warmen gehören, schädlich und sie üben ihr alle ihre Tücke, doch möchte selbst ein Rausch von Riesling weniger schädlich als einer von Clevner und Veltliner sein.“

Weil Kerner also trotz viel Wein viele gute Gedanken hatte, sich vor allem für „reifen, nicht sauren Riesling“ stark machte und auch einiges über dessen Wirkung auf das Nervensystem aussagte sowie in heldenhaften Selbstversuchen feststellte, dass der Ruländer einen positiven Einfluss auf Nerven und Augen hat, wurde eine Sorte nach ihm benannt, die lange Zeit als Neuzüchtung in Deutschland sehr erfolgreich war.

Oberlandwirtschaftsrat August Herold kreuzte sie 1929 aus Trollinger und Riesling in der Lauffener Außenstelle der Landesanstalt für Wein- und Obstbau Weinsberg. Sortenschutz erhielt die lange „Weißer Herold“ genannte Sorte 1969. In ihrer besten Zeit in den Neunzigerjahren wurde sie auf über 7700 Hektar angebaut. Man schätzte eine gewisse Riesling-Ähnlichkeit und die guten Erträge. Doch in den letzten zehn Jahren ging es mit dem Kerner rapide bergab. Heute sind es nur mehr rund 3800 Hektar in ganz Deutschland. Auf Württemberg entfallen etwa 360 Hektar.

Obwohl die Sorte im Ländle nicht mehr sonderlich bedeutend ist, empfinden die Weinsberger noch eine besondere Verantwortung für sie. Deshalb wurde vor rund zehn Jahren die Marke „Justinus K“ kreiert, ein Kerner, dessen Name letztlich verschwiegen wird, weil das Image der Sorte nicht mehr unbedingt positiv besetzt ist. Eine Reihe privater Weingärtner und Genossenschaften schlossen sich dieser Initiative an. An „Justinus K“ werden hohe Ansprüche gestellt – und auch erfüllt. Die Trauben bleiben lang am Stock, damit sie optimal ausreifen können. Ein Verkostungsgremium prüft die Qualität, bevor diese neue Kerner-Generation als „Justinus K“ geadelt wird.

Erfolgreich süß

Für süße Weine war Württemberg noch nie so richtig bekannt. Zwar gab es immer Weine mit zarter Frucht, aber kaum die Tropfen, die den Mund verkleben und auf der Zunge den Eindruck hinterlassen, als habe man gerade billige Markenschokolade verspeist. Viele Tropfen aus Württembergs Kellern tragen war nicht den Zusatz „trocken" auf dem Etikett, aber sie gehören zur Kategorie der „halbtrockenen" oder „feinherben" Gewächse. Ist eben Tradition im Ländle – ebenso wie die „echten" trockenen Weine mit null oder wenigen Gramm Restzucker, die von vielen geschätzt werden.

Wenig bekannt ist, dass es zwischen süß und süß merkliche Unterschiede in der Verträglichkeit und im Geschmack auf der Zunge gibt. Oft praktiziert wurde (und wird) in der Kellerwirtschaft in Deutschland der Zusatz von Süßreserve. Das ist naturbelassener Traubenmost, der dem in der Regel trockenen oder durchgegorenen Wein vor der Abfüllung zugesetzt wird, um ihm einen gefälligen Geschmack zu geben. Nachteile sind eine oft unnatürlich anmutende, süß-apfelig anmutende Aromatik und oft auch eine geringe Harmonie im Wein, weil die mostige Geschmacksnote deutlich durchschimmert.

Die sogenannte Süßreserve verlor in den letzten Jahren viel an Bedeutung, weil sich in der Kellerwirtschaft die temperaturkontrollierte Vergärung etabliert hat, mit der sich der Süßegehalt des Weines perfekt einstellen lässt – so als würde

Edmund Diesler sorgte mit „Süß & Fruchtig“ für einen Überraschungserfolg mit seinem neuen Typ Wein in Württenmberg.

man sie, wie bei der Süßreserve, in einer genauen Dosierung zusetzen. Die verbliebene Süße besteht aus Fructose. Ihr besonderer Vorteil: sie wird auch von Diabetikern gut vertragen, im Gegensatz zu Glucose, dem Bestandteil der Süßreserve.

Weil dem so ist und weil sich in der Szene der Weintrinker die Erkenntnis durchsetzt, dass süßer Wein nicht automatisch ein bedeutungsloser Wein ist und nicht alles, was als „trocken“ deklariert wird, wirklich gut ist, wagte sich Edmund Diesler, der Önologie-Chef der Württembergischen Weingärtner-Zentralgenossenschaft (WZG) in Möglingen, frech an eine neue Serie, die plakativ auf dem Etikett als „Süß & Fruchtig“ bezeichnet wird. Durch die gekühlte Vergärung wurden Riesling, Trollinger Rosé und Samtrot auf 40 Gramm Restzucker pro Liter eingestellt. Einige Skeptiker warnten vor einem Flop. Doch die saftigen Fruchtigen, die für rund vier Euro im Regal des Lebensmittelhandels stehen, erlebten eine Auflagensteigerung nach der anderen, von 300 000 über 600 000 auf zuletzt eine Million Flaschen.

Der Tee-Schwindel von Oberderdingen

„Brennt im Herzen dir ein Weh?
Lösch es hier mit Kern'les Tee!“
Dieser kluge Spruch steht für einen besonderen Wein aus Oberderdingen, einer Ortschaft mit rund 120 Hektar Rebfläche, die bereits 1227 urkundlich erwähnt wurde, lange Zeit Baden zugeschlagen wurde, aber sich inzwischen im Anbaugebiet Württemberg und an der Weinstraße Kraichgau-Stromberg wohlfühlt.
Wein hatte in Oberderdingen schon immer viel Bedeutung. Besonders zuzeiten des Dreißigjährigen Krieges, als er das ganze damalige Dorf rettete. Die Bewohner reichten damals in ihrer Not einem kaiserlichen Regiment so großzügig von ihren Schätzen aus dem Keller, dass die das Brandschatzen unterließen.
Kern'les Tee gab es damals noch nicht. Der Begriff wurde erst in der Ära des örtlichen Wengerters Karl Kern (1877–1954) geboren, der in seiner Gastwirtschaft oft zahlreiche Zecher bewirten konnte, die es schätzten, dass der Wein von der Lage Kupferhalde bei jedem 13. Viertele kostenfrei ausgeschenkt wurde – was auf einen gewaltigen Durst der Zecher schließen lässt. „Grod des hat bsonders guat g'schmeckt“, pflegten viele Gäste zu sagen.
Eines Tages setzte sich ein Nachbar an den Stammtisch, dem der Hausarzt vom Weintrinken abgeraten hatte. Das hatte sich auch etwas herumgesprochen. Der Gast wollte nicht trocken oder mit Wasser bei seinen Freunden sitzen und auch vermeiden, dass jemand gegenüber dem Hausarzt Meldung macht. Also zwinkerte er der Bedienung zu und bestellte sich „einen Tee vom Kern in der Tasse“.
Die schlaue Frau verstand sofort und servierte ihm Trollinger in einer gut gefüllten Teetasse. Nicht nur eine, sondern eine nach der anderen. Natürlich flog der Schwindel auf. Und ein neuer Begriff war geboren, den auch der aktuelle Wengerter Michael Kern, der 2010 das 100-jährige Jubiläum des Familiengutes feiern konnte, noch gern benutzt, als eine der ungewöhnlichsten Markenbezeichnungen Deutschlands. Aber inzwischen wird der „Tee“ nicht mehr in Tassen gereicht ...

Nützlicher, schmucker Weinstein

Man kann Schmuck aus vielen Materialien herstellen. Gold, Silber, Platin, Bernstein sind nur ein paar von vielen Möglichkeiten. In Württemberg gibt es einen Goldschmied, der durch die Nachbarschaft mit einem Weingärtner auf eine besondere Idee kam: Uwe Fiedler aus Winterbach im Remstal verwertet einen Stoff aus dem Keller von Top-Winzer Jürgen Ellwanger, der bei vielen Weinfreunden immer noch für Irritationen sorgt, wenn er im Weinglas auftaucht und den Eindruck erweckt, hier hätten sich Zuckergaben nicht so recht aufgelöst oder in der Flasche wären gar Glassplitter gewesen.

Die Rede ist von den schwer löslichen Salzen der Weinsäure, die Experten als Kaliumhydrogentartrat und Calciumtartrat bekannt sind, während Laien von Weinstein sprechen. Findet man ihn im Wein, ist das kein Grund für eine Reklamation, sondern ganz im Gegenteil ein Hinweis darauf, dass es sich um einen mineralstoffreichen Tropfen handelt, der zudem im Keller schonend behandelt wurde. Normal ist in vielen großen Kellereien, den Wein im Tank stark auf einige Minusgrade herunterzukühlen, damit

der Weinstein ausfällt, nicht in die Flasche gelangt und dann keine Proteste von unkundigen Konsumenten auslöst. Die Methode ist wirksam, aber strapaziert den Wein und kann ihm durch die „Schockfrostung“ Geschmacks- und Aromastoffe rauben.
Ein traditionsbewusster Wengerter wie der erfahrene Ellwanger würde nie auf die Idee kommen, seine Gewächse einer solchen Tortur auszusetzen. Er lässt sie ohne viel Einflussnahme im Tank oder Fass heranreifen. Mit der Zeit setzt sich Weinstein an den Wänden ab. Dann steht Nachbar Fiedler parat und holt sich die kristallartigen Stücke zur weiteren Verwendung. Er schätzt besonders das Material aus den Holzfässern, in denen vorher zum Beispiel Lemberger oder Zweigelt lag. Dann ist der Weinstein nicht hell oder bernsteinfarben, sondern rot und lässt sich wunderbar zu Schmuck verarbeiten. In seiner Gold- und Platinschmiede Schwab fertigt Fiedler Halsketten, Ringe, Ohrringe, Armreifen und – damit die Männer nicht zu kurz kommen – Manschettenknöpfe. Württemberger sind eben traditionell erfindungsreich …

Über den Tod hinaus

Die Württemberger haben meist ein recht unverkrampftes Verhältnis zum Tod und so unterhielten sich zwei Wengerter aus Strümpfelbach im Remstal, beide in Ehren gealtert, aber dem Wein immer noch zugetan, über die Zukunft. Der Eine meinte zu seinem Freund: „Ich weiß net, wie das mal sein wird, wenn ich in den Himmel komme. Da oben gibt es nur Manna und keinen Trollinger. Ob ich mich da wohlfühlen werde. Sollte ich nicht gleich besser für die Hölle oder das Fegefeuer buchen?"

„Das ist in der Tat ein Problem", erkannte auch der Andere. „Aber ich habe eine Lösung. Einer von uns wird ja wohl zuerst sterben. Wir müssen uns gegenseitig versprechen, dass der Verbliebene jeden Tag einen Schoppen Trollinger auf das Grab schüttet. So muss der zuerst Verstorbene im Himmel nicht darben."

Sie gaben sich die Hand auf ihr Versprechen, das sich schnell in Strümpfelbach herumsprach. Und so waren viele Bürger neugierig, ob es später auch gehalten werden würde.

Ein Jahr später verstarb dann einer der beiden. Noch auf dem Sterbebett erinnerte er den anderen an ihren Trollinger-Eid. Und der versicherte ihm erneut, er werde sich daran halten.

Bei der Beerdigung tuschelte die Trauergemeinde schon, ob man nun den Freund jeden Tag auf dem Friedhof sehen würde. Der tauchte dann tatsächlich täglich mit einem wohlgefüllten Becher auf, dessen Inhalt er auf das Grab goss.

Einige Wochen später sprach ihn ein Freund an: „Ich finde das ja toll, dass du dich so konsequent an dein Versprechen hältst. Aber sag mal, stehst du das als alter Genießer seelisch durch, den guten Wein einfach zu wegzukippen?"

„Das funktioniert schon gut", antwortet er, „ich lasse ihn ja vorher über's Nierle laufen."

Der Bodensee lag mal im Remstal

Weingeographie kann manchmal etwas merkwürdig sein. Württemberg ist zwar eigentlich eine überschaubare Region mit sechs Bereichen. Bedeutung haben das Württembergische Unterland mit Zentren wie Heilbronn, Öhringen, Großbottwar, das Remstal inklusive Stuttgart, der Bereich Kocher-Jagst-Tauber mit dem bekannten Weikersheim und der Obere Neckar, der auch Reutlingen mit erfasst. Der Weinbau ist hier zwar nicht mehr sonderlich bedeutend, aber zumindest besser als einst, als die Städte Tübingen und Reutlingen Rivalen im Wettbewerb um die Erzeugung des sauersten Weines waren. Feldherr Prinz Eugen (1663–1736) beteuerte, er wolle lieber noch mal die Mühsal der Eroberung von Belgrad auf sich nehmen, als ein zweites Mal einen Humpen Reutlinger Weins trinken …
Innerhalb der genannten Gebiete gibt es 17 Großlagen sowie darin enthalten über 200 Einzellagen, die sich vielfach an Flüssen wie Rems, Kocher, Jagst, Tauber, Sulm, Zaber sowie dem bedeutenden Neckar („Neckarwein – Schleckerwein" hieß es einst über die Ergebnisse) befinden.

Auch die Württemberger Weinstraße mit vielen interessanten Etappen zieht viele Besucher an. 511 Kilometer hat zurückgelegt, wer in Schloss Weikersheim startete, Orte und Städte wie Bad Mergentheim, Weinsberg, Neckarsulm, Heilbronn, Lauffen, Brackenheim, Maulbronn, Ludwigsburg, Winnenden, Obertürkheim, Stetten ansteuerte und schließlich in Metzingen die „Ziellinie" überschreitet. Die Route wurde am 13. Oktober 2004 in Tripsdrill als Nachfolger der einstigen „Schwäbischen Weinstraße" eingeweiht und 2007 noch mit einem Abstecher ins Stuttgarter Zentrum sowie nach Bad Cannstatt erweitert. Auch das Remstal mit seiner eigenständigen „Remstal-Route" ist integriert.

Eine württembergische Weinregion fehlt allerdings im Streckenverlauf. Die ist aber auch mehr als 200 Kilometer von Stuttgart

entfernt und liegt am Bodensee! Hier befinden sich gleich zwei der sechs württembergischen Bereiche, nämlich der Württembergische Bodensee mit Ravensburg und Kressbronn sowie der Bayerische Bodensee mit Nonnenhorn, Lindau, Wasserburg und Hattnau. 600 Hektar Reben gibt es insgesamt am See. Das meiste davon gehört als Bereich Bodensee zum Anbaugebiet Baden. Der Weinbau hat im Raum um Lindau viel Tradition, ebenso das „Rädle“, das hier anstatt dem in Württemberg üblichen „Besen“ („Besa“) anzeigt, dass Wein ausgeschenkt wird. Die Besenwirtschaft geht auf einen Erlass von Karl dem Großen (747–814) zurück, beim „Rädle“ markiert ein Lindauer Ratsbeschluss von 1542, dass die Weinbauern ihren selbst angebauten Wein an Gäste verkaufen dürfen. Der Seewein aus dieser Ecke galt früher als ziemlich rabiat. In einer alten Schrift wird behauptet: „…greift das Gedärm an und zerfrisst sogar eine eiserne Rüstung.“ Angebaut wurde vor allem der in der Tat säurebetonte Elbling, dem man damals noch nicht mit dem kellertechnischen Hilfsmittel der Entsäuerung beikommen konnte.
Im furchtbaren Frostjahr 1956, als es aufgrund des sich ausbreitenden Obstbaus nur mehr wenig Rebflächen gab, erfroren diese letzten Fluren. Als der Obstbau zehn Jahre später in die Flaute kam, erinnerten sich die Ex-Winzer an die gute, alte Zeit in den Weingärten. Vor allem einige Nonnenhorner wurden aktiv, trotz ihrer Erinnerungen an die „Knoche’arbeit“. 1971 gab es den ersten Jahrgang nach der Wiedergeburt. Ein Glücksfall, weil es das Klima in diesem Jahr sehr gut mit dem Wein meinte und sogar von einem „Jahrhundert-Jahrgang“ die Rede war.

Es war gleichzeitig das Jahr, in dem ein neues Weingesetz in deutschen Landen alles neu ordnete. Vorher war Flexibilität angesagt, ab diesem Zeitpunkt war nahezu alles genormt. Für jede Qualitätsstufe wurden Mindestmostgewichte genannt. Die „amtliche Weinprüfung“ sollte ausschließen, dass fehlerhafte Weine in den Verkehr kamen. Im Lauf der Zeit wurde das Weingesetz aufgeweicht. Viele Produzenten orientieren sich heute nicht mehr an den Qualitätsstufen und setzen zum Beispiel auf Sternchen oder Buchstaben, um besondere Weine zu kennzeichnen. Große und Erste Gewächse wurden offiziell und inoffiziell eingeführt. Jene, die es beim württembergischen Verband der Prädikatsweingüter/VDP für die Sorten Riesling, Spätburgunder und Lemberger gibt, haben inoffiziellen Charakter.

1971 hatte man noch eine schwierige Frage zu lösen: Wohin mit dem speziellen Bodenseewein? Baden stand nicht zur Diskussion. Man hatte die Wahl zwischen Franken (eine eher abstrakte Verbindung, da Würzburg und der Main weit entfernt liegen) und Württemberg, weil Nonnenhorns Nachbar Kressbronn durch eine traditionelle Länderzuordnung zu Württemberg gehört. Weil sich aber die Nonnenhorner mehr als Bayern fühlen, kam es zur Regelung, in der beide Bereiche bedacht wurden. Nicht sofort allerdings. Einige Jahre lang wurde Kressbronn dem Bereich Remstal/Stuttgart zugeschlagen, gewissermaßen eine gewaltsame Verlagerung des Bodensee. Was am Bodensee geschah, ist nach Einschätzung des Vereins Bodenseewein (Sitz in Meersburg) „selbst für Insider manchmal schwer nachvollziehbar". Auch deshalb, weil die Bodenseeregion eine klimatische und geologische Einheit bildet, die nicht vor Landesgrenzen Halt macht. Die Winzer von bayerischen und württembergischen Gemarkungen, die für ihre bevorzugt angebauten Sorten Müller-Thurgau und Spätburgunder (oft als Weißherbst ausgebaut) keine Absatzsorgen kennen, sind denn auch Mitglied im Verein. Aber sie haben bürokratische Hemmnisse zu überwinden: Die Winzer vom Bereich Bayerischer Bodensee müssen ihre Weine zur Qualitätsweinprüfung nach Würzburg schicken, während die Winzer (die hier nicht Weingärtner genannt werden) ihre Proben zur Begutachtung nach Heilbronn schicken. Bleibt noch der Vollständigkeit halber zu erwähnen, dass für die Winzer vom Bereich Bodensee/Anbaugebietes Baden die Prüfstelle in Freiburg/Breisgau zuständig ist. Mag sein, dass man das alles nach einem guten Glas Wein besser versteht …

Weitere Bücher aus dem Wartberg Verlag für Ihre Region

Aufgewachsen auf der Schwäbischen Alb
Helmut Bader
64 Seiten mit vielen Fotos
978-3-8313-2007-3

Vor d'r Alb, auf d'r Alb und hinter d'r Alb
Geschichten und Anekdoten
aus Schwaben
Helmut Bader
64 Seiten mit vielen Fotos
978-3-8313-2128-5

Damals ... auf der Schwäbischen Alb
Helmut Bader
64 Seiten, ca 100 Fotos
978-3-8313-2295-4

Wartberg Verlag GmbH & Co. KG
Bücher für Deutschlands Städte und Regionen
Im Wiesental 1 · 34281 Gudensberg-Gleichen · Telefon (0 56 03) 9 30 50
Fax (0 56 03) 93 05 28 · www.wartberg-verlag.de